essentials

essentials liefern aktuelles Wissen in konzentrierter Form. Die Essenz dessen, worauf es als „State-of-the-Art" in der gegenwärtigen Fachdiskussion oder in der Praxis ankommt. *essentials* informieren schnell, unkompliziert und verständlich

- als Einführung in ein aktuelles Thema aus Ihrem Fachgebiet
- als Einstieg in ein für Sie noch unbekanntes Themenfeld
- als Einblick, um zum Thema mitreden zu können

Die Bücher in elektronischer und gedruckter Form bringen das Fachwissen von Springerautor*innen kompakt zur Darstellung. Sie sind besonders für die Nutzung als eBook auf Tablet-PCs, eBook-Readern und Smartphones geeignet. *essentials* sind Wissensbausteine aus den Wirtschafts-, Sozial- und Geisteswissenschaften, aus Technik und Naturwissenschaften sowie aus Medizin, Psychologie und Gesundheitsberufen. Von renommierten Autor*innen aller Springer-Verlagsmarken.

Weitere Bände in der Reihe https://link.springer.com/bookseries/13088

Tobias Kesting · Viviane Scherenberg

Marketing in der Gesundheitswirtschaft

Eine praxisbezogene konzeptionelle
Einordnung

Tobias Kesting
APOLLON Hochschule der
Gesundheitswirtschaft
Bremen, Deutschland

Viviane Scherenberg
APOLLON Hochschule der
Gesundheitswirtschaft
Bremen, Deutschland

ISSN 2197-6708 ISSN 2197-6716 (electronic)
essentials
ISBN 978-3-658-37088-6 ISBN 978-3-658-37089-3 (eBook)
https://doi.org/10.1007/978-3-658-37089-3

Die Deutsche Nationalbibliothek verzeichnet diese Publikation in der Deutschen Nationalbiblio-
grafie; detaillierte bibliografische Daten sind im Internet über http://dnb.d-nb.de abrufbar.

Planung/Lektorat: Margit Schlomski
Springer Gabler ist ein Imprint der eingetragenen Gesellschaft Springer Fachmedien Wiesbaden
GmbH und ist ein Teil von Springer Nature.
Die Anschrift der Gesellschaft ist: Abraham-Lincoln-Str. 46, 65189 Wiesbaden, Germany

Was Sie in diesem *essential* finden können

- Praxisorientierte Kategorisierung der Gesundheitswirtschaft
- Einblick in die Aktivitätsfelder und Besonderheiten des Marketings in der Gesundheitswirtschaft
- Überblick über unterschiedliche Marketingansätze und deren Adaption auf die Gesundheitswirtschaft

Vorwort

Marketing nimmt in der Gesundheitswirtschaft einen zunehmend bedeutsameren Stellenwert ein. Dabei ist die Gesundheitswirtschaft durch eine hohe Komplexität und Vielschichtigkeit gekennzeichnet. Die Akteure des ersten und zweiten Gesundheitsmarkts verfolgen unterschiedlichste Marketingziele. Ebenso unterscheiden sich Ziele und Bedürfnisse der vielfältigen Anspruchsgruppen mitunter erheblich. Unter Miteinbeziehung der Besonderheiten gesundheitsbezogenen Marketings ergibt sich insgesamt das Erfordernis, eine Kategorisierung im Sinne einer praxisbezogenen konzeptionellen Einordnung des Marketings in der Gesundheitswirtschaft. Auf dieser Basis können marketingspezifische Besonderheiten sowie institutionelle Ansätze des Marketings auf die mannigfaltigen Akteure übertragen und adaptiert werden. Das vorliegende *essential* liefert damit einen konkreten Einblick in und Beitrag über die unterschiedlichen Akteure, deren Interessenslagen und Aktivitätsfelder sowie die daraus resultierenden abgeleiteten marketingbezogenen Aktivitätsfelder und Marketingimplikationen.

Dieses *essential* eignet sich daher – im Sinne seines vielfältigen und umfassenden Perspektivanspruchs – sowohl für Lehrende, Forschende und Studierende als auch für Praktiker und weitere Vertreter der Gesundheitswirtschaft, die inhaltlich und faktisch in betriebswirtschaftliche und marketingbezogene Aufgaben und Fragestellungen involviert sind.

Bremen
im Dezember 2021

Tobias Kesting
Viviane Scherenberg

Inhaltsverzeichnis

1 Einleitung 1

2 Begriffliche und thematische Grundlagen 5

   2.1 Begriffliche Grundlagen 5

   2.2 Thematische Grundlagen 10

      2.2.1 Kategorisierungen der Gesundheitswirtschaft 10

         2.2.1.1 Dreieck des gesundheitswirtschaftlichen
              Kernbereichs 11

         2.2.1.2 Gesamte bereichsbezogene Kategorisierung
              der Gesundheitswirtschaft 12

         2.2.1.3 Prozessuale Kategorisierung der
              Gesundheitswirtschaft 14

         2.2.1.4 Erster und zweiter Gesundheitsmarkt 15

         2.2.1.5 Aktivitätsfeld- und marktbezogene
              Kategorisierung der Gesundheitswirtschaft 16

         2.2.1.6 Kategorisierung nach
               Marketing-Teilbereichen 19

      2.2.2 Konkretisierung weiterer Aktivitätsfelder 23

      2.2.3 Besonderheiten und Vertretbarkeit von Marketing
         in der Gesundheitswirtschaft 24

   2.3 Zwischenfazit 27

3 Adaptierbare Ansätze für das Marketing in der
  Gesundheitswirtschaft 29

   3.1 Relevante institutionelle Marketingansätze bzw.
     -kategorisierungen 29

      3.1.1 Konsumgütermarketing 29

3.1.2   Industriegütermarketing 30
3.1.3   Dienstleistungsmarketing 31
3.1.4   Business-to-Consumer- und
         Business-to-Business-Marketing 33
3.1.5   Handelsmarketing und Trade Marketing 35
3.1.6   Nonprofit-Marketing und Soziomarketing 36
3.1.7   Zusammenfassender Überblick 37
3.2   Adaptionen und Verwendbarkeit für das Marketing in der
      Gesundheitswirtschaft 37

4   **Zusammenfassung und Fazit** 41

Literatur 47

Tabellenverzeichnis

Tab. 2.1 Überblick über die drei Dimensionen von Gesundheit 6

Tab. 2.2 Bereichsbezogene Kategorisierung der
Gesundheitswirtschaft 14

Tab. 2.3 Aktivitäts- und marktfeldbezogene Kategorisierung der
Gesundheitswirtschaft 17

Tab. 2.4 Beispiele für Abgrenzungsdimensionen von
Marketing-Teilbereichen in der Gesundheitswirtschaft 22

Tab. 3.1 Beispielhafte Erläuterung der drei
Dienstleistungserstellungs-Dimensionen 32

Tab. 3.2 Abgrenzungsdimensionen institutioneller und weiterer
Marketingansätze 37

Tab. 3.3 Einordnung von Marketingaktivitäten in der
Gesundheitswirtschaft 39

Einleitung

Die Gesundheitswirtschaft ist nicht nur gesellschaftlich ein bedeutsamer Bereich. Wirtschaftlich gesehen ist von einem Wachstumsmarkt auszugehen. Dies resultiert v. a. aus dem zunehmenden Gesundheitsbewusstsein und der damit verbundenen Nachfrage nach Gesundheitsleistungen, dem medizinisch-technologischen Fortschritt und der steigenden Lebenserwartung (vgl. Heible, 2015, S. 2 f.; Silbermann, 2015, S. 16). Die Gesundheitswirtschaft trägt aktiv zur Regionalentwicklung, zu branchenübergreifenden Innovationen und zur Gesundheitserhaltung bzw. -wiederherstellung bei (vgl. Dahlbeck; Hilbert, 2017, S. 1).

In Deutschland umfasst die Gesundheitswirtschaft mehrere Millionen Arbeitsplätze. Im engeren Sinne sind etwa 5,8 Mio. Personen, und damit rund jeder achte Erwerbstätige[1], dort tätig (vgl. BMG, 2021). Im weiteren Sinne, also inkl. der Einbeziehung gesundheitswirtschaftlicher Randbereiche (z. B. Gesundheitstourismus), liegt die Zahl um etwa zwei Millionen Beschäftigte höher (vgl. BMWi, 2021, S. 2). Gesellschaftlich bedarf es der Verfügbarkeit entsprechender Infrastruktur und Leistungen als zentrale Beiträge zur Aufrechterhaltung des gesamtgesellschaftlichen Wohlstands, gerade mit Blick auf die Sicherheitsbedürfnisse der zweituntersten Stufe der Bedürfnispyramide nach Abraham Maslow (hier: der Schutz und Erhalt der Gesundheit) (vgl. Voeth; Herbst, 2013, S. 50). Eine erste Betrachtung verdeutlicht bereits die Vielfalt der Gesundheitswirtschaft. Diese lässt sich in zahlreiche Teilbereiche untergliedern, die jeweils durch Besonderheiten in Bezug auf Akteure, Zielgruppen und Leistungen gekennzeichnet sind. So unterscheiden sich z. B. Pharmazeutika und Physiotherapie in vielfacher Hinsicht substanziell voneinander. Der Pharmazeutika-Bereich zeichnet

---

[1] Ausschließlich zugunsten einer besseren Lesbarkeit wird im Text bei Personenbezeichnungen die männliche Form verwendet. Die Bezeichnungen beziehen sich demnach stets ausdrücklich auf Angehörige aller Geschlechter.

© Der/die Autor(en), exklusiv lizenziert durch Springer Fachmedien Wiesbaden GmbH, ein Teil von Springer Nature 2022
T. Kesting und V. Scherenberg, *Marketing in der Gesundheitswirtschaft*, essentials, https://doi.org/10.1007/978-3-658-37089-3_1

sich durch zeit- und kostenintensive Forschungsaktivitäten aus. Es besteht ein exklusiver Patentschutz, gemäß dem neue Medikamente bis zu einem Zeitraum von zehn Jahren als Produktinnovation deklarierbar sind (vgl. Meffert et al., 2019, S. 407 f.). Der Vertrieb von Pharmaprodukten erfolgt über den Handel hin zu Krankenhäusern und Apotheken, wo sie dann – je nach Produkt – mit bzw. ohne Rezept erworben werden. Hingegen erbringen Physiotherapiepraxen ihre Leistung direkt am Menschen. Dies gestaltet sich personalintensiv und die Leistungserbringung erfordert eine direkte, mitunter aktive Mitwirkung von Patienten. Das Produkt der physiotherapeutischen Behandlung ist als überwiegende Dienstleistung weitestgehend immateriell und nicht greifbar. Überdies unterscheiden sich die Konkurrenzsituation, Tätigkeitsbedingungen, gesetzliche Regelungen und weitere Branchenspezifika der Physiotherapie grundlegend von denen der Pharmabranche.

Auch für Akteure der Gesundheitswirtschaft besteht das Erfordernis zum Wirtschaften. Wirtschaften bezieht sich auf den gewissenhaften und „(…) sorgsamen Umgang mit knappen Ressourcen (Wöhe et al., 2016, S. 4).“ Dieser ist erforderlich, damit Organisationen gewinnsteigernd oder zumindest kostendeckend arbeiten, um so ihre langfristige Existenz sicherzustellen. Die Existenzsicherung gewährt den Erhalt von Arbeitsplätzen und dient dazu, die gesellschaftliche Versorgung mit gesundheitsbezogenen Leistungen aufrechtzuerhalten. Entsprechend negative Auswirkungen auf diese Versorgungsaufgabe hat bspw. die kostenbedingte Schließung einer Klinik in einer dünn besiedelten Region. Die medizinische Versorgung wäre dann regional reduziert und selbst bei bisheriger Nicht-Inanspruchnahme medizinischer Leistungen, kann vor Ort das Gefühl von Unsicherheit und Besorgnis entstehen, bei Auftreten eines medizinischen Notfalls (z. B. Schlaganfall) nicht schnell genug Hilfe erhalten zu können.

Aspekte wie sich erhöhender Kosten- und Wettbewerbsdruck, Ökonomisierungsbestrebungen sowie sich verändernde Zielgruppenansprüche steigern die Bedeutung betriebswirtschaftlicher und marketingbezogener Überlegungen in der Gesundheitswirtschaft kontinuierlich (vgl. Meffert; in Wolde-Lübke, 2017, S. 212). Dies trifft nicht nur auf privatwirtschaftliche Anbieter, sondern auch auf öffentliche Einrichtungen zu (z. B. Krankenhäuser in öffentlicher Trägerschaft). Die Anerkennung dieser Notwendigkeit ist in den Aktivitätsfeldern der Gesundheitswirtschaft nicht durchweg verbreitet und stößt oft auf erhebliche Vorbehalte. Während bspw. Pharmaunternehmen traditionell sehr marketingaktiv sind (vgl. Matusiewicz, 2019, S. 4, S. 19), gilt dies für kleinere gesundheitswirtschaftliche Akteure, wie etwa Physiotherapiepraxen, weniger.

Die vorliegenden Ausführungen widmen sich der Vielschichtigkeit, der Kategorisierung und den Besonderheiten des Marketings in der Gesundheitswirtschaft. Hierbei wird auf der Grundlage von Fachliteratur und Theorie-Praxis-Verknüpfungen eine praxisbezogene konzeptionelle Einordnung dieses Marketings vorgenommen. Auf theoretischer Basis wird somit eine marketingbezogene Kategorisierung im Sinne einer konzeptionell-integrativen Betrachtung vorgenommen, die eine direkte Anwendbarkeit von Marketingaspekten auf konkrete praxisbezogene Problemstellungen in der Gesundheitswirtschaft ermöglicht. Dadurch wird ein substanzieller Beitrag zu einer inhaltlich-strukturelle Kategorisierung und Systematisierung der Vielfalt an Akteuren, Zielgruppen und Produkten geleistet. Eine solche konzeptionelle Betrachtung gesundheitsbezogenen Marketings aus einem weit gefassten, übergeordneten Blickwinkel ist bislang noch nicht erfolgt. Es geht also darum, Marketing in der Gesundheitswirtschaft aus einer wissenschaftlichen und praktischen Anwendungsperspektive heraus greifbarer und zugänglicher zu machen und hieraus entsprechenden Nutzen für Theorie und Praxis abzuleiten. Hierbei wird integrativ vorgegangen, sodass über den Kernbereich der Gesundheitswirtschaft hinaus auch interdisziplinäre Potenziale und Anwendungsmöglichkeiten Berücksichtigung finden.

Als Basis für die Entwicklung dieser Konzeption des Marketings in der Gesundheitswirtschaft werden in Kap. 2 zunächst begriffliche und thematische Grundlagen erläutert. Kategorisierungen der Gesundheitswirtschaft gewährleisten hierbei einen besseren Überblick über die Vielfalt der Tätigkeitsfelder, Akteure, Produkte und Zielgruppen. Zuzüglich werden weitere Aktivitätsfelder der Gesundheitswirtschaft im Sinne einer umfassenden Betrachtung miteinbezogen. Daran anknüpfend wird auf Besonderheiten und die Vertretbarkeit von Marketing in der Gesundheitswirtschaft eingegangen. Das darauffolgende Kap. 3 erläutert relevante Institutionelle Marketingansätze bzw. Kategorisierungen und diskutiert deren Adaption und Verwendbarkeit für das Marketing in der Gesundheitswirtschaft. Kap. 4 beschließt die Ausführungen mit einer Zusammenfassung und einem Fazit.

Begriffliche und thematische Grundlagen

2

Im Folgenden werden begriffliche und thematische Grundlagen sowie Kategorisierungen und Aktivitätsfelder der Gesundheitswirtschaft erläutert. Zudem behandelt dieses Kapitel die Besonderheiten und die Vertretbarkeit von Marketing in der Gesundheitswirtschaft.

2.1 Begriffliche Grundlagen

Der Gesundheitsbegriff bildet den thematischen Kerninhalt der weiteren Ausführungen. Gemäß der Definition der Weltgesundheitsorganisation (World Health Organization; WHO) wird Gesundheit positiv abgegrenzt, und zwar als Zustand vollständigen körperlichen (physischen), geistigen (psychischen) und sozialen Wohlbefindens. Diese Definition umfasst erheblich mehr als die bloße Abwesenheit von Krankheit und ermöglicht damit ein inhaltlich weit gefasstes Begriffsverständnis (vgl. WHO, 1946). Dieses wird für die weiteren Ausführungen zugrunde liegt, die eine ganzheitliche Betrachtung der thematischen Sachverhalte fokussieren. Aus der WHO-Definition lassen sich drei Dimensionen von Gesundheit ableiten (siehe Tab. 2.1).

Dieser Überblick impliziert bereits die Vielfalt der Gesundheitswirtschaft und ihres Leistungsangebots. Letzteres reicht von Pharmaprodukten und Sanitätsprodukten über medizinische Behandlungen bis hin zu Präventionsleistungen (z. B. Ernährungsberatung). Anhand dieser Beispiele wird deutlich, dass Leistungen in der Gesundheitswirtschaft nur teilweise als primäre Sachprodukte, sondern mehrheitlich als (überwiegende) Dienstleistungen anzusehen sind. Als adäquater Oberbegriff zur Erfassung der bestehenden Leistungsheterogenität

Tab. 2.1 Überblick über die drei Dimensionen von Gesundheit

Dimension	Beispiele
Soziale Aspekte der Gesundheit	Ausgestaltung und Zufriedenheit mit sozialen Beziehungen Wahrnehmung sozialer Akzeptanz und Unterstützung Zugehörigkeit und Gebrauchtwerden
Physische Aspekte der Gesundheit	Funktionsfähigkeit und Beeinträchtigung des körperlichen Gesundheitszustandes
Psychische Aspekte der Gesundheit	Emotionale Befindlichkeit, Selbstwertgefühl, Körperselbstbild, Optimismus

Quelle: Scherenberg (2017), S. 19

empfiehlt sich der Terminus „Produkt" (Synonym: Leistung), der in der wissenschaftlichen Kategorisierung als Oberbegriff für Sachgüter, Dienstleistungen und Sachgut-Dienstleistungs-Kombinationen verwendet wird (vgl. Kuß; Kleinaltenkamp, 2016, S. 38). Harland und Scheidweiler (2010, S. 157) bezeichnen mit Sachgütern überwiegend aus Sachgutanteilen bestehende Produkte und mit Dienstleistungen Produkte mit überwiegendem Dienstleistungsanteil. Diese sehr zweckmäßige Auffassung ermöglicht eine integrative Betrachtung zur umfassenden Produktcharakterisierung. Eine klare Trennung zwischen Sachgütern und Dienstleistungen erweist sich in vielen Fällen nicht als zielführend. So wäre bspw. eine medizinische Behandlung mit Medikamentendarreichung nicht mehr als (reine) Dienstleistung aufzufassen.

Unter dem Oberbegriff „Gesundheitsprodukte" werden all diejenigen Produkte subsumiert, die in der Gesundheitswirtschaft zum Tragen kommen. Dieses Begriffsverständnis nimmt Bezug auf die WHO-Gesundheitsdefinition. Die WHO bezeichnet all diejenigen Produkte als „Gesundheitsprodukte", die die Wiederherstellung von Gesundheit, die Prävention von Krankheiten und gesundheitlichen Problemen und/oder die indirekte Unterstützung von Gesundheit und Heilungsprozessen bezwecken (vgl. WHO, 2014).

Trotz einer weit gefassten Betrachtungsperspektive bedarf es einer gewissen Fokussierung. Als Grundvoraussetzung wird ein zumindest nicht zu mittelbarer Gesundheitsbezug vorausgesetzt, um noch von „Gesundheitsprodukten" ausgehen zu können. Beispielhaft verdeutlichen dies Beschaffungsaktivitäten einer Arztpraxis. Bei der Bestellung von Hände-Desinfektionsmittel ist der Gesundheitsbezug gegeben, bei der Beschaffung von Kugelschreibern für administrative Prozesse hingegen nicht. Gleichwohl wird aus diesem Beispiel ersichtlich, dass

Organisationen der Gesundheitswirtschaft zur Aufgabenerfüllung auch Produkte ohne (direkten) Gesundheitsbezug benötigen.

Da die Begriffe „Markt" und „Marketing" bzw. betriebswirtschaftliche und marketingbezogene Überlegungen in einigen Bereichen der Gesundheitswirtschaft nach wie auf Vorbehalte bis hin zu Abneigung stoßen (vgl. Matusiewicz, 2019, S. 4), stellt sich die Frage, ob faktisch eine Marktsituation vorliegt. Gemäß der volkswirtschaftlichen Perspektive bezeichnet ein Markt das Zusammentreffen von Angebot und Nachfrage (vgl. Meffert et al., 2019, S. 49). Aus betriebswirtschaftlicher, und insbesondere marketingtheoretischer Sicht, besteht ein Markt grundsätzlich „(…) aus einer Menge aktueller und potenzieller Nachfrager bestimmter Leistungen sowie der aktuellen und potenziellen Anbieter dieser Leistungen und den Beziehungen zwischen Nachfragern und Anbietern (Meffert et al., 2019, S. 49)." Diese Voraussetzungen für Marktgegebenheiten sind für die Gesundheitswirtschaft als erfüllt anzusehen. So stellen Pharmaunterunternehmen Pharmazeutika her, die vom Pharmagroßhandel und von Apotheken abgenommen werden, weil Apothekenkunden diese Produkte nachfragen. Auch Krankenhäuser sind Nachfrager von Pharmaprodukten zur Unterstützung der Behandlung. Ärzte und Krankenhäuser erbringen medizinische Dienstleistungen (z. B. Untersuchungen und Operationen), für die es Nachfrager gibt, insb. erkrankte oder verunfallte Personen. Für Ernährungsberatungen stellen etwa über- oder untergewichtige Personen mögliche Nachfrager dar. Das Vorhandensein von Märkten ist somit für die Gesundheitswirtschaft zu bejahen.

Demnach treffen auf einem übergeordneten Gesundheitsmarkt Angebot und Nachfrage bezüglich gesundheitsbezogener Leistungen aufeinander (vgl. Nissen; Weisenfeld, 2001, S: 12; Silbermann, 2015, S. 16). Um diesen Markt in seiner Gesamtheit erfassen, ist es erforderlich, die direkten Absatz- und auch Beschaffungsmärkte zu betrachten. Beispielhaft sind Zahnärzte und Zahnkliniken zu nennen, die Schienen oder Prothesen von Dentallaboren beschaffen, sowie Ärzte und Krankenhäuser als Nachfrager medizintechnischer Geräte (z. B. Röntgengeräte) von Herstellern. Im Sinne eines umfassenden Anspruchsgruppenfokus sind weitere Anspruchsgruppen (Stakeholder) in das Verständnis von Marketing miteinzubeziehen. Unter Anspruchsgruppen können jedes Individuum oder jede Gruppe verstanden werden, das bzw. die Einfluss auf die Erreichung von Organisationszielen haben bzw. selbst von der jeweiligen Zielerreichung betroffen sein können (vgl. Freeman, 1984, S. 46). Bezogen auf Krankenhäuser sind diese Stakeholder etwa Ärzte, Patienten und Angehörige von Patienten. Zusätzliche bedeutsame, in dieses Begriffsverständnis zu integrierende Stakeholder sind intern die Mitarbeiter sowie die externe Öffentlichkeit. Diese weiteren Anspruchsgruppen sind themenbezogen insofern besonders relevant, als viele Aktivitätsfelder

der Gesundheitswirtschaft sehr personalintensiv sind und Gesundheit im Sinne der WHO-Definition in vielfacher Hinsicht eine grundlegende gesellschaftliche Bedeutung aufweist.

Gemäß diesem erweiterten Begriffsverständnis wird Marketing im Folgenden als Konzept marktorientierter Organisationsführung verstanden. Es umfasst schwerpunktmäßig die Planung, Organisation, Durchführung und Kontrolle sämtlicher organisationaler Aktivitäten zur Erreichung absatzmarktorientierter Organisationsziele. Hierbei erfolgt eine konsequente Ausrichtung an den Bedürfnissen von Kunden bzw. Zielgruppen. Marketing steht somit für den Aufbau allseitig nutzenbehafteter Austauschbeziehungen der am Marktgeschehen beteiligten Akteure. Dies erfolgt mittels einer effizienten und bedürfnisgerechten Gestaltung von Austauschprozessen. Dieses erweiterte Begriffsverständnis betrachtet über den Absatzmarkt hinaus zudem Aktivitäten auf Beschaffungsmärkten, internes Marketing gegenüber Mitarbeitern sowie Marketingaktivitäten in Bezug auf die Öffentlichkeit als weitere Anspruchsgruppe (vgl. Kotler et al., 2011, S. 39; Scharf et al., 2015, S. 9; Bruhn, 2016, S. 14 ff.; Meffert et al., 2019, S. 3 ff.).

Bereits 1969 konstatieren Kotler und Levy, dass keine Organisation auf Marketing verzichten bzw. es vermeiden kann (vgl. Kotler; Levy, 1969, S. 15). Als erster konkreter Ansatzpunkt für die deduktive Übertragbarkeit von Marketingüberlegungen auf die Gesundheitswirtschaft dient Kotlers Journalbeitrag „A Generic Concept of Marketing" von 1972. In diesem legt er dar, dass Marketing für jedwede soziale Einheit relevant sei, die wertbezogenen Austausch mit anderen sozialen Einheiten vornimmt (vgl. Kotler, 1972, S. 53). Weitere Publikationen Kotlers wie auch anderer Autoren, die den Fokus von Marketing über privatwirtschaftliche Organisationen hinaus erweitern, befassen sich mit Marketing im öffentlichen und im Hochschulsektor (vgl. Kotler; Lee, 2007; Kesting et al., 2014; Wesselmann; Hohn, 2017) und für Nonprofit-Organisationen (vgl. Andreasen; Kotler, 2008). In einem der ersten Beiträge zu Marketing in der Gesundheitswirtschaft legen Saltman und Vertinsky 1971 ein Modell für die Vermarktung von Gesundheitsleistungen dar (vgl. Saltman; Vertinsky, 1971). Seit 1983 erscheinen zahlreiche Beiträge des wissenschaftlichen Journals „Health Marketing Quarterly" und seit den 1970er Jahren kommen regelmäßig neue Monografien oder Herausgeberwerke zum Marketing in der Gesundheitswirtschaft auf den Markt (z. B. Cooper, 1979; Hillestad; Bercowitz, 1991; Hoffmann et al., 2012; Matusiewicz, et al. 2019). Somit liegt eine wissenschaftlich fundierte Literaturgrundlage für gesundheitsbezogenes Marketing vor.

Diese Grundlage ist um eine praxisbezogene Legitimation zu ergänzen, die die Frage nach der Notwendigkeit und Sinnhaftigkeit gesundheitsbezogenen

Marketings überzeugend zu beantworten vermag. Diese Legitimation lässt sich aus veränderten Rahmenbedingungen ableiten. So spielen Budgetbeschränkungen für viele gesundheitswirtschaftliche Organisationen eine wichtige Rolle dahin gehend, zunehmend ökonomische und Marketingüberlegungen in Betracht zu ziehen (vgl. Rohn, 2012, S. 3; Meffert; in Wolde-Lübke, 2017, S. 212). Als weiterer zentraler Treiber bringt die digitale Transformation erhebliche Implikationen für die Gesundheitswirtschaft mit sich (vgl. Schmidt, 2017, S. 272 f.). Die Digitalisierung verändert gesundheitswirtschaftliche Aktivitätsfelder nachhaltig. Sie beschleunigt Prozesse und setzt Ressourcenpotenzial frei. Ebenso führt sie zu neuen Herausforderungen, etwa mit Blick auf zusätzliche Kosten und zeitliche Kapazitäten. Zudem fördert Digitalisierung die Entwicklung neuer Produkte oder gar Geschäftsmodelle. Schon seit geraumer Zeit zeigt sich der digitale Fortschritt bspw. in Form einer steigenden Anzahl von Gesundheitsportalen, Webauftritten sowie gesundheitsbezogener Apps (vgl. Fischer et al., 2016, S. 4; Pfannstiel et al., 2017, S. VI; Scherenberg, 2017, S. 146). Überdies ergibt sich zunehmend das Erfordernis eines aktiveren Zielgruppenengagements, welches maßgeblich auf den Bedeutungszuwachs von Online-Informationsaktivitäten und -Kommunikation zurückzuführen ist. Beispielhaft hierfür ist die gestiegene passive und aktive Nutzung von Online-Bewertungsportalen zur patientenseitigen Bewertung von Kliniken und Arztpraxen (vgl. Gschoßmann; Raab, 2017, S. 112). Diese Bewertungen werden insofern als Anhaltspunkte für die Arztwahl genutzt, als die Verschaffung eines ersten Überblicks inzwischen zumeist mittels Suchmaschinen erfolgt (vgl. Kamps; Schetter, 2018, S. 20). Somit entwickeln die veränderten Bedingungen die Gesundheitswirtschaft sukzessive zum Charakter eines Wettbewerbsmarktes hin, der eine gesteigerte Orientierung an Kunden- bzw. Patientenbedürfnissen erfordert (vgl. Matusiewicz, 2019, S. 8). Mit Blick auf die Arbeitsplatz- und Existenzsicherung von Organisationen der Gesundheitswirtschaft sind Reaktionen auf diese Entwicklungen zentral. Es geht es zudem um die Aufrechterhaltung der gesundheitlichen Versorgung als zentrale Stütze der Gesellschaft.

Die genannten Punkte verdeutlichen die Relevanz gesundheitsbezogenen Marketings in Wissenschaft und Praxis. Für dessen übergeordnete konzeptionelle Einordnung bedarf es einer grundlegenden Begriffsdefinition. Als Oberbegriff für Marketingaktivitäten in der Gesundheitswirtschaft kommt der Terminus „Gesundheitsmarketing" zum Tragen, der gemäß Mai et al. (2012, S. 11) die „(...) Gesamtheit an Maßnahmen [umfasst], mit denen gesundheitsförderliche Verhaltensweisen gesteigert und/oder gesundheitspositionierte Produkte (...) entwickelt, bepreist, vertrieben und kommuniziert werden, wobei bei der Entwicklung und Umsetzung dieser Maßnahmen bewusst gesundheitspsychologische Grundlagen

(…) sowie gesundheitsökonomische Rahmenbedingungen (…) Berücksichtigung finden." Damit wird deutlich, dass es inhaltlich nicht vorrangig um klassische Werbung, sondern vielmehr um verschiedene Arten von Marketingaktivitäten geht. Zudem sind die in der erweiterten Marketingdefinition adressierten Planungs- und Organisationsaspekte mit zu berücksichtigen, die den Marketingmaßnahmen einen strategischen Unterbau verleihen. Ein solcher findet gerade bei kleinen und mittleren Unternehmen (KMUs) der Gesundheitswirtschaft oft wenig Berücksichtigung (vgl. Schaff, 2019, S. 26). Um eine strategische Betrachtung zu gewährleisten, umfasst Gesundheitsmarketing folgend überdies die Planung, Organisation, Durchführung und Kontrolle sämtlicher organisationaler Aktivitäten zur Erreichung absatzmarkt-orientierter und weiterer (insb. beschaffungsmarktorientierter und mitarbeiterbezogener) Organisationsziele. Dabei geht es gemäß Mai et al. (2012, S. 11) inhaltlich schwerpunktmäßig um die Entwicklung und Vermarktung gesundheitsbezogener Produkte und die Steigerung gesundheitsförderlicher Verhaltensweisen, jeweils unter Heranziehung interdisziplinärer, insb. gesundheitspsychologischer und ökonomischer Perspektiven.

2.2   Thematische Grundlagen

Der Sektor der Gesundheitswirtschaft ist in sich sehr heterogen. Er umfasst anbieterseitig zahlreiche Arten von Organisationen sowie eine Vielzahl von Anspruchsgruppen und damit unterschiedliche Ziel- und Kundengruppen bzw. -personen sowie Produkte. Im Folgenden werden grundlegende Kategorisierungen der Gesundheitswirtschaft, weitere Aktivitätsfelder sowie Besonderheiten und die Vertretbarkeit von Marketing in der Gesundheitswirtschaft behandelt.

2.2.1   Kategorisierungen der Gesundheitswirtschaft

Im Mittelpunkt gesundheitswirtschaftlicher Aktivitäten steht die medizinische Versorgung. Dieser gesundheitswirtschaftliche Kernbereich umfasst im klassischen und engsten Sinne die Versorgungsleistungen stationärer und nichtstationärer Einrichtungen, die der gesundheitlichen Behandlung dienen (inkl. Rehabilitations- und Pflegeleistungen). Anbieter dieser Leistungen im gesundheitlichen Kernbereich sind v. a. niedergelassene Ärzte, Kliniken, niedergelassene Physiotherapeuten sowie stationäre und ambulante Pflegeeinrichtungen (vgl. Preißler, 2012, S. 365 f.; Bundesministerium für Wirtschaft und Energie, 2021, S. 21).

2.2.1.1 Dreieck des gesundheitswirtschaftlichen Kernbereichs

Der Kernbereich der medizinischen Versorgung unterscheidet sich aufgrund der Charakteristika des Aktivitätsfelds sowie der Eigenschaften von Anbietern und Nachfragern substanziell von anderen Branchen (vgl. Thomas, 2005, S. 47). Dies trifft ebenso auf weitere gesundheitswirtschaftliche Aktivitätsfelder zu. So ist im Kontext des Kernbereichs in Deutschland die Rolle der Krankenkassen in besonderem Maße zu berücksichtigen, denn es liegt ein sog. Third-Party-Payer-System vor. Nicht Patienten, sondern die gesetzlichen Krankenversicherungen (GKVn) bezahlen die medizinische Bezahlung, etwa eine ambulante ärztliche Behandlung in der Praxis oder eine stationäre im Krankenhaus. Anstelle der für viele Märkte charakteristischen Austauschbeziehung „Geld gegen Leistung" ist bei der medizinischen Versorgung ein Dreiecksverhältnis vorherrschend, das den Kernbereich der Gesundheitswirtschaft mit dem erweiterten Kernbereich verknüpft. Dieses Dreiecksverhältnis (vgl. Abb. 2.1) umfasst die Beziehungskonstellationen von drei Akteursgruppen – Versicherten (Patienten), Leistungserbringern (Anbieter medizinischer Versorgungsleistungen) und Kostenträgern (Krankenversicherungen) (vgl. Matusiewicz, 2019, S. 7).

Demnach lassen sich im Kontext des gesundheitswirtschaftlichen erweiterten Kernbereichs drei Teilmärkte der Gesundheitswirtschaft identifizieren. Dies ist zunächst der Behandlungsmarkt. Auftretende Nachfrager sind natürliche Personen, z. B. Patienten. Um sie konkurrieren als Anbieter Ärzte sowie auch Ärzte und Krankenhäuser untereinander. Der Versicherungsmarkt bildet das Aktivitätsfeld der Krankenversicherungen ab, in dem gesetzliche Krankenversicherungen (GKVn) und private Krankenversicherungen (PKVn) als Anbieter

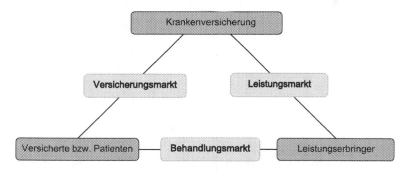

Abb. 2.1 Dreieck des gesundheitswirtschaftlichen Kernbereichs (vgl. Matusiewicz, 2019, S. 7)

von Krankenvollversicherungen sowie Zusatzversicherungen (z. B. Auslandsrei-
seversicherungen) agieren und miteinander in Konkurrenz um Versicherte bzw.
zu Versichernde stehen. Der dritte Markt, der Leistungsmarkt, ist durch einen
interorganisationalen Wettbewerb gekennzeichnet. Hier konkurrieren Anbieter
medizinischer Versorgungslcistungen um attraktive Verträge mit Krankenversicherungen, die anbieterseitig mit anderen Versicherungen im Wettbewerb stehen,
insb. um Selektivverträge. Hierbei handelt es sich um Versorgungsverträge (z. B.
hausarztzentrierte Versorgung), die ohne gesetzliche Verpflichtung möglich sind
(vgl. Matusiewicz, 2019, S. 8).

2.2.1.2 Gesamte bereichsbezogene Kategorisierung der Gesundheitswirtschaft

Der gesundheitswirtschaftliche Kernbereich umfasst inhaltlich die stationäre und
ambulante Gesundheitsversorgung. Hierzu zählen neben Krankenhausaufenthal-
ten und Arztterminen die Bereiche Rehabilitation und Pflege (vgl. Dahlbeck;
Hilbert, 2008, S. 2 f.; Preißler, 2012, S. 365 f.).

Im erweiterten Kernbereich der Gesundheitswirtschaft treten Apotheken als
Akteure auf Märkten für Gesundheitsleistungen auf. Durchschnittlich dienen in
Deutschland 23 Apotheken der Versorgung von rund 100.000 Einwohnern (vgl.
Bundesministerium für Wirtschaft und Energie, 2021, S. 21, S. 49; Meffert;
Rohn, 2011, S. 9). Apotheken fungieren als überwiegend pharmazeutischer Ein-
zelhandel und agieren im Grundsatz wie ein Einzelhandel, als Absatzmittler für
Pharmaprodukte und Anbieter weiterer Leistungen (Sanitätsprodukte, z. B. Inha-
lationsgeräte) (Weißbäcker; Müller, 2005, S. 197; Breitenbach; Fischer, 2013,
S. 280). Letztgenannte Produkte werden primär über Sanitätshäuser vertrieben,
die oft eine Absatzmittlerfunktion wie Apotheken einnehmen (in Bezug auf
Standardprodukte wie etwa Fertigbandagen oder Blutdruckmessgeräte). Zudem
können sie um handwerkliche Einrichtungen ergänzt sein, die patientenspezifische
Produkte erstellen, wie etwa Prothesen und Orthesen (vgl. Hohmann, 2005, S. 9).
Ebenso sind Heilbäder und Kurorte dem erweiterten gesundheitswirtschaftlichen
Kernbereich zuordenbar (vgl. Groß, 2017, S. 150).

Über den erweiterten Kernbereich hinaus kommt der Vorleistungs- und
Zulieferbereich zum Tragen. Inhaltlich subsumiert dieser insb. das Gesundheits-
handwerk, Medizin- und Gerontotechnik und die pharmazeutische Industrie.
Gemäß der Trennlinie zwischen erweitertem Kernbereich und Vorleistungs- und
Zulieferbereich werden gesundheitshandwerkliche Aktivitäten von Sanitätshäu-
sern dem letztgenannten Bereich zugeordnet (vgl. Preißler, 2012, S. 366). Neben
orthopädischen Werkstätten zählen Dentallabore zum Gesundheitshandwerk. Die
Medizintechnik fällt unter den übergeordneten Begriff der „Medizinprodukte".

Dies sind Produkte mit medizinischer Zweckbestimmung, deren Hauptwirkung primär physikalisch erreicht wird. Dadurch sind sie von Pharmaprodukten abzugrenzen, deren Wirkung pharmakologischer, immunologischer oder metabolischer Art ist (vgl. BMG, 2021c). Zu den Medizinprodukten zählen neben Verbandsstoffen und Injektionsprodukten auch medizintechnische Geräte wie Röntgengeräte. Für diese Medizinprodukte gilt das Medizinproduktegesetz (MPG). (vgl. BMG, 2021c). Primäre Zielgruppen für Medizinprodukte sind gewerbliche Anwender, also insb. Ärzte und Krankenhäuser, wobei einige Medizinprodukte auch direkt von den Endnutzern in Apotheken oder Sanitätshäusern erworben werden können (z. B. Kompressionsstrümpfe bzw. Inhalatoren). Die pharmazeutische Industrie stellt Pharmaprodukte her, die an medizinische Einrichtungen sowie über Apotheken und teilweise Drogerien und Online-Händler an Endnutzer vertrieben werden.

Im äußeren Randbereich der Gesundheitswirtschaft sind gesundheitsrelevante Bereiche und Nachbarbereiche (z. B. Gesundheitstourismus) einzuordnen. Der Gesundheitstourismus zeichnet sich inhaltlich durch die schwerpunktmäßige Darreichung von Gesundheitsprodukten an einem fremden Ort aus und dient primär dem Gesundheitserhalt, deren Stabilisierung oder deren Wiederherstellung (vgl. Berg, 2008, S. 39). Heilbäder und Kurorte, die speziell prädikatisiert sind, bilden anbieterseitig die Kernakteure im Gesundheitstourismus. Zur Abgrenzung von klassischen Tourismusangeboten werden der Gesundheitsbezug im Motiv (z. B. Gesundheitserhaltung), die Dauer (mindestens 21 Tage gemäß gesetzlichen Vorschriften in Deutschland) und der Zielort herangezogen, für dessen Prädikatisierung in Deutschland bundesweite Mindestanforderungen gelten (z. B. bezogen auf Grenzwerte für Luftbelastung) (vgl. Groß, 2017, S. 9 ff.). Tab. 2.2 visualisiert die bereichsbezogene Kategorisierung der Gesundheitswirtschaft zusammenfassend.

Diese Kategorisierung der Gesundheitswirtschaft verdeutlicht deren Vielfalt. Über den Kernbereich der Gesundheitswirtschaft hinaus treten also weitere Bereiche und Anbieter auf, die sich vielfach inhaltlich, organisatorisch und/oder kulturell stark unterscheiden. Die Grenzen dieser Kategorisierung sind vor allem dahin gehend zu sehen, dass die Beziehungen zwischen Akteuren der Gesundheitswirtschaft nicht explizit adressiert werden, so etwa die Beziehungen, die im Dreieck des gesundheitswirtschaftlichen Kernbereichs (vgl. Abb. 2.1). Krankenkassen sind in dieser Darstellung überdies nicht explizit erfasst. Auch Kooperationen zwischen Ärzten und Sanitätshäusern (z. B. Anfertigung von Orthesen für Patienten) (vgl. Hohmann, 2005, S. 9) bleiben in dieser Kategorisierung außen vor, ebenso Anknüpfungspunkte und gewisse Überschneidungen zwischen den Bereichen. Somit bedarf es weiterer Teilkategorisierungen mit Blick auf eine übergeordnete konzeptionelle Einordnung gesundheitsbezogenen Marketings.

Tab. 2.2　Bereichsbezogene Kategorisierung der Gesundheitswirtschaft

Bereich	Erläuterung	Anbieter (Beispiele)
Gesundheitswirtschaftlicher Kernbereich	Stationäre und ambulante Gesundheitsversorgung; Rehabilitation und Pflege	Ärzte; Krankenhäuser; Kliniken; Physiotherapeuten; Rehabilitationskliniken; ambulante und stationäre Altenpflege
Erweiterter gesundheitswirtschaftlicher Kernbereich	Handel mit Gesundheitsprodukten; Kur- und Bäderwesen; Selbsthilfe	Apotheken; Sanitätshäuser; Heilbäder
Vorleistungs- und Zulieferbereich	Gesundheitshandwerk; Medizin- und Gerontotechnik; pharmazeutische Industrie; Biotechnologie etc.	Gesundheitshandwerk (Dentallabore, orthopädische Werkstätten etc.); Hersteller von Pharmaprodukten
Gesundheitsrelevanter Randbereich und Nachbarbranchen	Fitness- und Wellnessbereich; Gesundheitstourismus	Fitnessstudios; Anbieter von Gesundheitsreisen

Quellen: vgl. Dahlbeck; Hilbert (2008), S. 2 f.; Preißler (2012), S. 365 f.; BMWi (2021), S. 21, leicht ergänzt und angepasst)

2.2.1.3 Prozessuale Kategorisierung der Gesundheitswirtschaft

Wird die gesundheitliche Versorgung als Prozess visualisiert (Abb. 2.2), kann dieser als dreigliedrig aufgefasst und in die Bereiche „Prävention", „Diagnose und Therapie" und „Nachsorge" unterteilt werden (vgl. Rohn, 2012, S. 2; Meffert; in Wolde-Lübke, 2017, S. 214).

Eine Gegenüberstellung mit Tab. 2.2 zeigt, dass der Bereich der Prävention nicht oder nicht direkt in die Kategorisierung der Tabelle integriert ist. Ebenso findet die Beteiligung von Krankenkassen nicht in der Tabelle Berücksichtigung, wird aber in der Prozessdarstellung in Abb. 2.2 mit integriert. Somit zeigt sich, dass die chronologisch-bereichsbezogene Detailbetrachtung der Gesundheitswirtschaft gemäß Tab. 2.2 bislang Lücken aufweist. Die Prozessbetrachtung fokussiert hingegen auf den Kernbereich der Gesundheitswirtschaft und lässt Verknüpfungen zwischen organisationalen Akteuren weitgehend außer Acht. Zudem ist sie allgemeiner ausgerichtet und enthält einige Akteure aus Tab. 2.2 nicht. Beide Kategorisierungen weisen somit Grenzen auf. Zudem sind sie stark akteursbezogen und kaum inhaltlich und zielgruppenbezogen ausgerichtet. Stärker auf

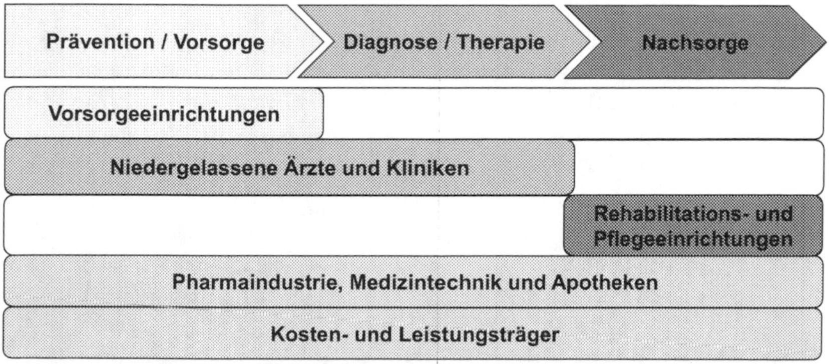

Prävention / Vorsorge	Diagnose / Therapie	Nachsorge

Vorsorgeeinrichtungen

Niedergelassene Ärzte und Kliniken

Rehabilitations- und Pflegeeinrichtungen

Pharmaindustrie, Medizintechnik und Apotheken

Kosten- und Leistungsträger

Abb. 2.2 Prozess der gesundheitlichen Versorgung (vgl. Meffert; Rohn, 2012; S. 34; Rohn, 2012; S. 2, leicht gekürzte und angepasste Darstellung)

inhaltliche Aspekte Bezug nimmt die in 2.2.1.4 folgende Kategorisierung, die sich dem Produktbezug von der Finanzierungsseite her nähert.

2.2.1.4 Erster und zweiter Gesundheitsmarkt

Eine produkt- und finanzierungsbezogene Kategorisierung wird mittels der Unterscheidung in einen ersten und einen zweiten Gesundheitsmarkt vorgenommen. Der erste Gesundheitsmarkt bezieht sich auf die Gesamtheit staatlich finanzierter Gesundheitsprodukte (vgl. Silbermann, 2015, S. 16). Er umfasst den Bereich der traditionell-klassischen Gesundheitsversorgung, welcher vorwiegend von der GKV und der PKV (inkl. Pflegeversicherung) getragen wird. Arbeitgeber, der Staat sowie weitere Sozialversicherungsträger fungieren als zusätzliche, kleinere Anteilsträger. Die Regulierung des ersten Gesundheitsmarktes erfolgt über den Staat und über Versicherungsleistungen (vgl. Zukunftsinstitut GmbH, 2015, S. 9, Kunhardt, 2016, S. 85; BMG, 2021b).

Hingegen subsumiert der zweite Gesundheitsmarkt die Gesamtheit der von Patienten privat finanzierten Gesundheitsprodukte. Hierzu zählen nach grundlegendem Allgemeinverständnis individuelle Gesundheitsleistungen (IGeL), rezeptfreie Arzneimittel, Fitness- und Wellnessprodukte, der Gesundheitstourismus und teilweise Produkte aus den Bereichen Sport, Freizeit, Ernährung und Wohnen (vgl. Mai et al., 2012, S. 5; Kunhardt, 2016, S. 85; BMG, 2021b). Allerdings ist die Zuordnung dahin gehend strittig, welche der Produkte noch einen Gesundheitsbezug aufweisen (vgl. BMG, 20121b) und damit einen direkten positiven Einfluss auf die physische, psychische und soziale Gesundheit (Tab. 2.1) nehmen.

Die Kategorisierung in einen ersten und einen zweiten Gesundheitsmarkt ist direkt finanzierungs- und damit indirekt produktbezogen, nicht aber akteursbezogen. Anbietende Akteure auf dem ersten Gesundheitsmarkt können gleichwohl privat zu finanzierende Gesundheitsprodukte im zweiten offerieren, so etwa IGeL, wie bspw. Zahnärzte eine professionelle Zahnreinigung (vgl. Silbermann, 2015, S. 16). Von ihrer Grundstruktur her korrespondiert diese gesundheitsmarktbezogene mit der bereichsbezogenen Kategorisierung (Tab. 2.2) und integriert Krankenkassen direkter, sowie Gesundheitsprodukte, die inhaltlich (auch) dem Bereich der Prävention (z. B. Sport und Ernährungsberatung) zuordenbar sind. Als Limitation ist der lediglich mittelbar vorhandene Akteursbezug anzuführen.

2.2.1.5 Aktivitätsfeld- und marktbezogene Kategorisierung der Gesundheitswirtschaft

Eine integrativ ausgerichtete Betrachtung ist in Tab. 2.3 dargestellt. Sie differenziert die grundlegenden Aktivitätsfelder und verknüpft diese mit Gesundheitsprodukten, Anbietern und Kunden bzw. allgemein Zielgruppen. Sie visualisiert eine konkretere Kategorisierung, die zentrale marktbezogene Informationen darlegt und die Basis der Ableitung von Marketing-Teilbereichen bildet. Diese verfeinerte Unterteilung ermöglicht eine Fokussierung inhaltlicher Bereiche der Gesundheitswirtschaft mit Blick auf jeweils relevante Gesundheitsprodukte, Anbieter und Zielgruppen. Dadurch rücken der Markt- und Marketingfokus in Bezug auf die Teilbereiche stärker in den Fokus, der als Ansatzpunkt für die Detailbetrachtung von Marketingaktivitäten in der Gesundheitswirtschaft herangezogen werden kann. Tab. 2.3 stellt die kombinierte, aktivitätsfeld- und marktbezogene Kategorisierung der Gesundheitswirtschaft anhand ausgewählter Aktivitätsfelder vor. Als beispielhafte Zielgruppen sind hier neben aktuellen bzw. potenziellen Kunden, Zielgruppen der Kommunikation, Kooperationspartner und/oder Adressaten von Beschaffungsmarketingaktivitäten aufgeführt. So werden Verflechtungen innerhalb der Gesundheitswirtschaft deutlicher, die in zuvor aufgezeigten Kategorisierungen zu kurz kommen.

Tab. 2.3 erhebt keinen Anspruch auf Vollständigkeit. Vielmehr beabsichtigt diese Übersicht, die Interdependenzen zwischen Aktivitätsfeldern, Produkten und Anspruchsgruppen im Sinne einer integrativen Betrachtung herauszustellen. Die Reihenfolge der tabellarischen Darstellung orientiert sich dabei grob am Prozess der gesundheitlichen Versorgung (Abb. 2.2). Mit Tab. 2.3 wird die Vielfalt der Marketingaktivitäten in der Gesundheitswirtschaft deutlicher, die als weiterer Ansatz für die im Folgenden vorzunehmende Konkretisierung des Marketings dient.

Tab. 2.3 Aktivitäts- und marktfeldbezogene Kategorisierung der Gesundheitswirtschaft

Aktivitätsfeld	Produkt/e	Anbieter	Zielgruppe/n
Prävention	Suchtberatung; Ernährungsberatung; Betriebliches Gesundheitsmanagement (BGM)	Regierungen; Kommunen; Arbeitgeber; Drittanbieter	Organisationen; Angestellte oder freiberuflich Tätige; Privatpersonen
Grundlegende medizinische Versorgung	Medizinische Versorgungsleistungen	Niedergelassene Ärzte; Krankenhäuser; Klinikketten	Patienten, Angehörige; Krankenversicherungen; Zuweiser
Altenpflege	Stationäre und ambulante Pflegeleistungen	Stationäre Altenpflegeeinrichtungen: ambulante Pflegedienste	Ältere Menschen sowie deren Angehörige; Ärzte; Krankenhäuser
Krankenversicherungen	Versicherungsprodukte; Kollektivverträge; Selektivverträge	Gesetzliche und private Krankenversicherungen	Patienten; Angehörige; Kassenärztliche Bundesvereinigung (KBV); kassenärztliche Vereinigungen
Pharmazeutische Industrie	Pharmazeutika	Pharmaunternehmen	Großhandel; Krankenhäuser; Apotheken; Patienten
Versorgung mit Sanitätsprodukten	Sanitätsprodukte	Hersteller von Sanitätsprodukten	Sanitätshäuser; Apotheken; Krankenhäuser; Ärzte; Patienten
Fachhandel für Gesundheitsprodukte	Medizinprodukte, Sanitätsprodukte	Apotheken, Sanitätshäuser	Patienten bzw. Endverbraucher; Ärzte
Gesundheitshandwerk	Individualanfertigungen (z. B. Orthesen)	Orthopädische Werkstätten; Dentallabore	(Fach-)Ärzte; Krankenhäuser; Patienten

(Fortsetzung)

Tab. 2.3 (Fortsetzung)

Aktivitätsfeld	Produkt/e	Anbieter	Zielgruppe/n
Kur- und Bäderwesen	Kurprodukte und Gesundheitsbehandlungen	Kureinrichtungen	Patienten; Angehörige; Krankenversicherungen; Einweiser
Rehabilitation	Rehabilitationsleistungen; therapeutische Behandlungen	Physiotherapeuten; Psychotherapeuten; Rehabilitationskliniken	Ärzte; Krankenhäuser; Krankenkassen; Patienten; Angehörige
Gesundheitstourismus	Gesundheitsreisen	Reiseveranstalter für Gesundheitsreisen; Gesundheitsresorts	Gesundheitstouristen

Quelle: vgl. Kesting (2021), S. 129

2.2.1.6 Kategorisierung nach Marketing-Teilbereichen

Die dargestellte Vielfalt der Gesundheitswirtschaft in Bezug auf Abgrenzungen nach Aktivitätsfeldern, inhaltlich-produktbezogenen sowie Akteuren der Anbieter- und Nachfrager- bzw. Zielgruppenseite (vgl. Tab. 2.3) kann im nächsten Schritt mit Marketing-Teilbereichen in der Gesundheitswirtschaft in Verbindung gesetzt werden.

Für das Aktivitätsfeld Prävention kommt das Präventionsmarketing zum Tragen. Dieses Marketing für Präventionsleistungen konzentriert sich auf all diejenigen Marketingaktivitäten, die auf die Bereitstellung und Vermarktung präventiver bzw. gesundheitsförderlicher Interventionen und Produkte abzielen. Diese Interventionen und Produkte dienen der Verringerung oder Eliminierung gesundheitlicher Risikofaktoren, der Erhöhung der Schutzfunktion gesundheitlicher Maßnahmen und/oder der Verbesserung der gesundheitlichen Lebensbedingungen (z. B. Gesundheitskampagnen) (vgl. Scherenberg, 2017, S. 57 f.). Prävention hat dabei die Aufgabe, die Gesundheit und das menschliche Wohlergehen zu fördern, kontinuierlich aufrechtzuerhalten, wiederherzustellen und neu zu erlangen ist. Dabei ist Gesundheit immer als eine Art dynamischer Prozess zu verstehen, der durch eine Vielzahl an biologischen, psychologischen sowie soziokulturellen Faktoren – positiv wie negativ – beeinflusst wird (vgl. Mai et al., 2012, S. 7). Hier nehmen die GKVn eine bedeutende Rolle ein, da sie gemäß § 20 SGB V nicht nur dazu verpflichtet sind, „(...) Leistungen zur Verhinderung und Verminderung von Krankheitsrisiken (primäre Prävention) sowie zur Förderung des selbstbestimmten und gesundheitsorientierten Handelns der Versicherten (Gesundheitsförderung) zu leisten (...)", sondern auch für einen aktiven Beitrag zur Verminderung der sozialen Ungleechgkeiten von Gesundheitschancen einzutreten (vgl. Scherenberg, 2017, S. 25). Präventionsinterventionen ein fester Bestandteil des GKV-Leistungskatalogs sind und GKVn daher angehalten sind, Aber auch andere Akteure (z. B. Bundesministerium für Gesundheit, Bundeszentrale für gesundheitliche Aufklärung) wenden Präventionsmarketing zur Aufklärung und damit zum Schutz vor gesundheitlichen Risikofaktoren an, wie die COVID-19-Pandemie (z. B. Kampagnen zur Einhaltung von AHA-Maßnahmen, Impfkampagne) gezeigt hat.

Für Aktivitäten der grundlegenden medizinischen Versorgung, mit Fokus auf Patienten als Leistungsempfänger und Ärzte und Krankenhäusern als Leistungsanbieter, finden sich in der Fachliteratur u. a. die Begriffe „Medizinmarketing" (vgl. Meffert; Rohn, 2012, S. 32) und „Health Care Marketing" (vgl. Fortenberry, 2010; Berkowitz, 2016). Mittelbar abgedeckt wird die Mitwirkung von Krankenkassen, gerade in Bezug mit dem in Abb. 2.1 dargestellten gesundheitswirtschaftlichen Dreieck. Für das Marketing von Krankenkassen als Akteur hat sich der Begriff des „Krankenkassenmarketing" herausgebildet (vgl. Scherenberg, 2017, S. 57), denn die GKVn haben gemäß § 1 SGB V durch Aufklärung, Beratung und Leistungen dabei zu helfen und auf gesunde Lebensverhältnisse hinzuwirken, und dies sowohl im Bereich der primären, tertiären als auch der sekundären Prävention. Damit kann Krankenkassenmarketing das Medizinmarketing unterstützen, wobei selbst bei gleichzeitiger Betrachtung des Medizin- und des Krankenkassenmarketings noch nicht der gesamte Marktbereich der Gesundheitswirtschaft erfasst wird, sondern nur einen Ausschnitt davon. Anzumerken ist, dass mit der 1996 eingeführten Wahlfreiheit (§ 173 SGBV) ein beschränkter Wettbewerb herrscht und die GKVn seither (potenzielle) Versicherte für sich gewinnen und binden müssen.

Ein weiterer Marketing-Teilbereich im inhaltlichen Kontext medizinischer Versorgung ist das Marketing stationärer Pflegeeinrichtungen und ambulanter Pflegedienste, welches als „Pflegemarketing" bezeichnet werden kann (vgl. Scherenberg, 2017, S. 57). Marketing einer Praxis wird unter den Begriff „Praxismarketing" (vgl. Frodl, 2004, S. 73) oder, von ausgehenden Akteuren in der Praxis, mitunter auch als Mediziner-Marketing gefasst. Marketingaktivitäten in Bezug auf die Vermarktung von Kliniken bzw. Krankenhäusern und deren Leistungen werden als „Klinikmarketing" bzw. „Krankenhausmarketing" bezeichnet (vgl. Gschoßmann, Raab, 2017, S. 109; Scherenberg, 2017, S. 57). Dabei stellt das Marketing selbstzahlungspflichtiger individueller Gesundheitsleistungen (IGeL-Marketing) einen teils kritisch angesehenen Teilbereich der Praxen und Kliniken dar, mit dem der Medizinische Dienst des Spitzenverbandes Bund der Krankenkassen e. V. (MDS) zur informierten Entscheidungsfindung über den Nutzen und Schaden von IGeL der Bürger mit dem IGeL-Monitor (www.igel-monitor.de) reagiert hat. Als Beispiel für Impfmarketing ist „Zusammen gegen Corona" (#zusammengegencorona) anzuführen (vgl. BMG, 2021d). Das Marketing von Apotheken für insbesondere nicht verschreibungspflichtige (auch: over-the-counter-; OTC-) Arzneimittel wird als „Apothekenmarketing" tituliert (vgl. Breitenbach; Fischer, 2013, S. 280; Scherenberg, 2017, S. 57).

Wie diese Sonderformen des Gesundheitsmarketings im Einzelnen ausgestaltbar werden, ist näher zu klären. Sie können nicht durchweg klar voneinander abgegrenzt werden. Dabei geben die beispielhaft angeführten Bezeichnungen Auskunft über den marketingtreibenden organisationalen Akteur, nicht aber über die weiteren relevanten Besonderheiten. Es fällt auf, dass im (erweiterten) Kernbereich der Gesundheitswirtschaft viele Marketingaktivitäten eine akteursbezogene Abgrenzung erfahren. Eine derartige Abgrenzung ist nicht umfassend und nur bedingt aussagekräftig (u. a. weist sie lediglich einen mittelbaren Inhaltsbezug auf). Allerdings ist sie hilfreich, um eine Strukturierung des Marketings in der Gesundheitswirtschaft um zentrale Akteure vorzunehmen. Überlappungen sind v. a. dort zu beobachten, wo unterschiedliche Akteure miteinander im Wettbewerb stehen (z. B. Ärzte mit Praxismarketing und Krankenhäuser mit Krankenhausmarketing). Eine weitgehend inhaltliche Abgrenzung findet sich bspw. beim Präventions-, beim Pflege-, beim Pharma- sowie beim Medizinmarketing. Letzteres kann in gewissem Maße als Oberbegriff angesehen werden, der inhaltlich u. a. Praxis-, Krankenhaus- sowie auch das Krankenkassenmarketing tangiert. Für die Vermarktung von dem Gesundheitstourismus zuordenbaren Leistungen kann das Tourismusmarketing als übergeordneter Teilbereich herangezogen werden (vgl. Groß, 2017, S. 67 f.). Auch beim Gesundheitstourismus-Marketing wird anhand von Präventionsreisen (der Krankenkassen; Tourismus-Branche) deutlich, dass die einzelnen Bereiche angesichts von z. B. (gesetzlichen) Leistungszuzahlungen und damit verbundenen Kooperationen unter den Akteuren oft miteinander verschmelzen.

Eine weitere Gruppe von Marketing-Teilbereichen fokussiert sich auf die jeweils zu adressierenden Zielgruppen. Ein in Abb. 2.1 aufgeführter, noch nicht berücksichtigter Teilbereich des Gesundheitsmarketing stellen die Austauschprozesse zwischen Fachärzten bzw. Kliniken und niedergelassenen Ärzten dar, um Zuweiser zu gewinnen bzw. zu binden. Dieser Bereich wird als Zuweiser- oder Einweisermarketing bezeichnet (vgl. Raab; Drissner, 2011; Thill, 2011, S. 20 f.). Zuweiser stellen für Facharztpraxen und Klinken damit Absatzmittler dar. In Zusammenhang mit dem Zuweisermarketing wird mitunter das Patientenmarketing genannt. Es findet im Kontext der Marketingaktivitäten von Kliniken Verwendung (vgl. Ennker; Pietrowski, 2009, S. 27; Hanefeld, 2015, S. 23 f.; Raab; Legl, 2015, S. 133).

Wie aus Tab. 2.4 ersichtlich wird, überwiegen akteursbezogene und damit anbieterorientierte Marketingbezeichnungen gegenüber zielgruppen- und produktbezogenen. Inhaltliche und akteursbezogene Abgrenzungen weisen eine relativ hohe interne Heterogenität auf. Hingegen sind zielgruppenbezogene Abgrenzungen in sich homogener und fokussierter. So zeigt sich bspw. beim Zuweisermarketing, dass nicht Patienten, sondern eine organisationale Zielgruppe adressiert wird, was konkrete Eingrenzungen ermöglicht. Im Gegensatz dazu subsumiert das Krankenhausmarketing sämtliche Marketingaktivitäten von Krankenhäusern gegenüber verschiedenen Zielgruppen (z. B. Patienten, Öffentlichkeit). Dies erfordert eine weitere inhaltliche Differenzierung. Zudem spricht für eine zielgruppenfokussierte Abgrenzung, dass Zielgruppen- bzw. Kundenorientierung als Grundidee des Marketings angesehen werden kann (vgl. Abschn. 2.1). Auch eine

Tab. 2.4 Beispiele für Abgrenzungsdimensionen von Marketing-Teilbereichen in der Gesundheitswirtschaft

Inhaltliche Abgrenzung	Akteursbezogene Abgrenzung	Zielgruppenbezogene Abgrenzung	Produktbezogene Abgrenzung
Präventionsmarketing	Praxismarketing	Zuweisermarketing	IGeL-Marketing
Medizinmarketing	Klinikmarketing	Einweisermarketing	Impfmarketing
Pflegemarketing	Krankenhausmarketing	Patientenmarketing	
Pharmamarketing	Krankenkassenmarketing	Versichertenmarketing	
Gesundheitstourismus-Marketing	Apothekenmarketing		

Quelle: vgl. Scherenberg (2017), S. 57

produktbezogene Fokussierung ermöglicht es, stärker auf Zielgruppenbedürfnisse einzugehen.

2.2.2 Konkretisierung weiterer Aktivitätsfelder

Über die zuvor genannten Aktivitätsfelder hinaus sind der Gesundheitswirtschaft weitere Aktivitäten zuordenbar, die in bisherigen Kategorisierungen nicht (explizit) erfasst wurden. Hierzu gehört bspw. die Physiotherapie, die auf physische Aspekte von Gesundheit abstellt (vgl. Tab. 2.1). Auch für deren Marketing wird der bereits benannte (Ober-)Begriff des Praxismarketings vorgeschlagen. Die Physiotherapie weist inhaltliche Besonderheiten im Vergleich zur allgemeinen medizinischen Behandlung auf und hat strukturelle Gemeinsamkeiten in Bezug auf Praxisausgestaltung und die Bedeutung von Online-Bewertungen für das Praxis-Image. Im Prozess der gesundheitlichen Versorgung ist zudem der nicht geschützte Bereich der Ernährungsberatung bedeutend. Während das Ernährungsmarketing (z. B. von Ernährungsberatern) dem Verkauf von Dienstleistungen dient, konzentriert sich die Ernährungskommunikation auf die Förderung gesunder Ernährungsweisen und kann damit dem Präventionsmarketing zugeordnet werden. Überdies weist das Sportsmarketing einen gesundheitswirtschaftlichen Bezug auf. Dieses bezieht sich auf die Vermarktung von Sportprodukten ebenso wie auf die Gewinnung und Bindung von Mitgliedern oder Sponsoren (vgl. Nufer; Bühler, 2013, S. 8; Horch et al., 2014, S. 242 ff.). Geht es beim Sportmarketing um die „Vermarktung" von z. B. gesundheitsförderlichen Sportereignissen (B2Run-Firmenlauf), so kann dieser Bereich auch dem Präventionsmarketing zugeordnet werden.

Zudem kommen weitere Anbieter und Aktivitätsfelder zum Tragen, die inhaltlich vornehmlich der Sozialwirtschaft zuordenbar sind (z. B. Suchtberatung, Familienberatung und Jugend- und Sozialhilfe) (vgl. Arnold et al., 2014, S. 11 f.; Schneider; Pennerstorfer, 2014, S. 157). Zur Sozialwirtschaft zählen all diejenigen Organisationen und Veranstaltungen, deren Fokus auf der sozialen und gesundheitlichen Versorgung liegt, also auf der sozial ausgestalteten Bewirtschaftung menschlicher Versorgung. Diese entspricht einer organisierten Versorgungsauftragsleistung, die auf die Förderung des Gemeinwesens sowie der Wohlfahrt einzelner abzielt. Damit soll gewährleistet werden, dass Bedürftigen das zukommt, was sie sozial und gesundheitlich benötigen (vgl. Wendt, 2013, S. 11; Becker, 2017, S. 13). Inhaltlich befasst sich die Sozialwirtschaft mit Dienstleistungserbringungen im Kontext sozialer Arbeitsfelder. Zu diesen sog. „sozialen Dienstleistungen" zählt bspw. die Jugend- und Sozialhilfe (vgl. Arnold et al.,

2014, S. 11 f.; Schneider; Pennerstorfer, 2014, S. 157). Träger bzw. Anbieter sozialwirtschaftlicher Leistungen können öffentliche Organisationen (z. B. Körperschaften und Behörden, wie etwa das Jugendamt) und freie Träger (z. B. Nonprofit-Organisationen als Träger und Einrichtungen der freigemeinnützigen Wohlfahrtspflege) sein. Vielfach handelt es sich um Multifunktionsorganisationen wie die Diakonie oder die Caritas (die z. B. katholische Kindergärten unterhält). Bei freien Trägern treten zudem privatgewerbliche Organisationen wie bspw. private Kindertagesstätten auf (vgl. Brinkmann, 2010, S. 58 ff.).

Zwischen der Gesundheits- und der Sozialwirtschaft besteht der inhaltliche Zusammenhang dahin gehend, dass gesundheitswirtschaftliche Prozesse der organisierten Versorgung und personenbezogenen Wohlfahrtstradition – und damit dem weiteren funktionalen Verständnis von Sozialwirtschaft – zugeordnet werden können (vgl. Wendt; Wöhrle, 2006, S. 58 f.). Akteure der Sozialwirtschaft treten direkt in Aktivitätsfeldern der Gesundheitswirtschaft auf. So bietet etwa die Caritas Leistungen der mobilen und stationären Altenpflege auf. Im weiteren Sinne können zuvor genannte Aufgaben wie Kinderbetreuung inhaltlich der Gesundheitswirtschaft zugeordnet werden (insb. soziale und psychische Gesundheitsaspekte, vgl. Tab. 2.1). Dies ist im Sinne einer integrativen Betrachtung der Gesundheitswirtschaft gleichermaßen schlüssig und zielführend. Somit kommt diese um sozialwirtschaftliche Aktivitäten ergänzte erweiterte Betrachtung der Gesundheitswirtschaft für die folgenden Ausführungen zum Tragen. Gleichwohl können die einzelnen Bereiche nicht durchweg klar voneinander abgegrenzt werden. Je nach inhaltlicher und aktivitätsfelderbezogener Deckung bzw. Überschneidung können sozialwirtschaftliche Aktivitäten insb. dem Präventionsmarketing (Suchtberatung, Drogenhilfe) (vgl. Scherenberg, 2017, S. 115), dem Klinikmarketing (z. B. DRK-Krankenhäuser und -Kliniken) und dem Pflegemarketing (z. B. Altenpflege) zugeordnet werden.

2.2.3 Besonderheiten und Vertretbarkeit von Marketing in der Gesundheitswirtschaft

Im Folgenden geht es um die Besonderheiten und die (ethische) Vertretbarkeit des Marketings in der Gesundheitswirtschaft. Die bisherigen Ausführungen haben angedeutet, dass sich in der Gesundheitswirtschaft in Abhängigkeit der inhaltlichen Themen, des Leistungsangebots und der beteiligten Akteure unterschiedliche Implikationen für das Marketing ergeben.

Das Marketing von Gesundheitsprodukten unterliegt zunächst besonderen gesetzlichen Regelungen, die marketingbezogene Handlungsmöglichkeiten entsprechend reduzieren. Beispiele hierfür sind das Heilmittelwerbegesetz (HWG), das Gesetz über den Verkehr mit Arzneimitteln (Arzneimittelgesetz; AMG), das Arzneimittelmarktneuordnungsgesetz (AMNOG), das Gesetz zur Bekämpfung von Korruption im Gesundheitswesen (Antikorruptionsgesetz) sowie spezifische Zugangsregulierungen. So bedarf es bspw. für eine Krankenhausbehandlung einer vorherigen Überweisung. Ebenso erfordert der Erwerb verschreibungspflichtiger Medikamente (Rx-Präparate) die Vorlage eines Rezepts, auch beim Online-Versand (vgl. Schramm, 2013, S. 67; Matusiewicz, 2019, S. 8).

Eine weitere gesundheitswirtschaftliche Besonderheit ist eine teilweise vorherrschende Angebotsorientierung. Diese ist am Beispiel des öffentlichen Versorgungsauftrags öffentlicher Krankenhäuser gut ersichtlich. Die Aufrechterhaltung dieses Auftrags erfordert das Vorhalten medizinischer Versorgungsleistungen, und zwar unabhängig von der tatsächlichen Nachfrage nach diesen. Würde der Versorgungsauftrag unterlassen, könnte dies z. B. im ländlichen Raum durch den steigenden Ärztemangel zu einer medizinischen Unterversorgung führen (vgl. Cezanne, 2005, S. 231; Rohn, 2012, S. 3; Meffert; in Wolde-Lübke, 2017, S. 16; Kaduszkiewicz et al., 2018, S. 188).

Eine der bedeutsamsten Herausforderungen ergibt sich seitens der Gesellschaft bzw. allgemeinen Öffentlichkeit, die ein gesundheitliches Versorgungsangebot unter moralisch korrekten Bedingungen erwartet. Auch der Staat stellt eine wichtige Anspruchsgruppe dar, was durch die Vielzahl an Gesetzen und Regulierungen deutlich wird. Überdies stehen Anbieter von Gesundheitsprodukten neben direkten Nachfragern, z. B. Endkunden (Patienten), den Angehörigen gegenüber, die eine weitere bedeutsame Anspruchsgruppe bilden. Anbieterseitig zeigt sich ebenfalls eine Vielfalt. So sind etwa in vielen Aktivitätsbereichen Konkurrenten in privater Trägerschaft als Wettbewerber Anspruchsgruppen, die eine faire Konkurrenzsituation erwarten.

Ebenso zeigt Marketing in der Gesundheitswirtschaft sich ein hohes Maß an interdisziplinärer Verknüpfung. So weisen Marketingüberlegungen und -aktivitäten Schnittmengen auf, etwa zur Gesundheitsökonomie und -psychologie (vgl. Mai et al., 2012, S. 10 f.). Weitere beispielhafte Verknüpfungen sind, in Bezug auf das Verhalten von Endverbrauchern bzw. Patienten und Versicherten, zur Sozialpsychologie ersichtlich (vgl. Silbermann, 2015, S. 5), (z. B. Gruppeneffekte bei der Einhaltung von AHA-Regeln oder der Nachfrage nach Impfangeboten).

Der Begriff „Kunde" ist in der Gesundheitswirtschaft umstritten bzw. diskussionswürdig (vgl. z. B. Pawelzik, 2011). Überdies erweist er sich im inhaltlichen

Kontext nicht als durchweg adäquat. Besteht etwa eine gesundheitliche Notlage, die eine medizinische Behandlung erfordert, liegt keine im klassischen Kundenverständnis charakteristische freie und unabhängige Entscheidungs- und Wahlmöglichkeit in Bezug auf das Leistungsangebot vor. Hier zeigt sich gerade bei einem medizinischen Notfall die sog. eingeschränkte Patientensouveränität. Verglichen mit klassischen Marktsituationen können bestimmte Leistungen bei Zufriedenheit nicht wiederholt in Anspruch genommen werden (z. B. eine erfolgreiche Operation am Blinddarm) (vgl. Pawelzik, 2011, S. 80 f.; Meffert; in Wolde-Lübke, 2017, S. 16; Matusiewicz, 2019, S. 12 f.).

Als weitere Besonderheit kommt hinzu, dass Inanspruchnehmende und Zahlende eines Gesundheitsprodukts mitunter unterschiedliche Akteure sind. So wurde bei der Betrachtung des Dreiecksverhältnisses im gesundheitswirtschaftlichen Kernbereichs (vgl. Abb. 2.1) deutlich, dass Leistungsnehmer nicht in jedem Falle (direkt) Zahlende der Leistung sind (z. B. Suchtberatung).

Anbieterseitig stellen sich im Zuge der Diskussion um betriebswirtschaftliche und marketingbezogene Überlegungen moralische Fragen, wie etwa in Bezug auf die Behandlung hilfsbedürftiger zahlungsunfähiger Patienten. In Fällen wie diesen kann das ärztliche Berufsethos in Kontrast zu betriebswirtschaftlichen Kalkulationen von Ärzten bzw. Krankenhäusern stehen (vgl. Kray, 2011, S. 5 f.; Meffert; Rohn, 2011, S. 8).

Hinsichtlich der Aktivitätsfelder (Tab. 2.3) zeigte sich bereits, dass Marketingaktivitäten in der Gesundheits- und der Sozialwirtschaft eher wenig Sachgutelemente betreffen und überwiegend dem Dienstleistungsmarketing zuordenbar sind (vgl. Welz, 2011, S. 35; Schneider; Pennerstorfer, 2014, S. 157 ff.). Somit stellen Gesundheitsdienstleistungen vorwiegend Vertrauensgüter dar, also Leistungen, deren Qualität sich nach der Nutzung nicht sicher beurteilen lässt (vgl. Meffert; Rohn, 2011, S: 8; Schneider; Pennerstorfer, 2014, S. 159; Kreutzer, 2017, S. 18). Ebenso handelt es sich vielfach um Erfahrungsgüter, da im Vornherein keine umfassenden Informationen zu allen leistungsrelevanten Eigenschaften ermittelbar sind und diese erst im Rahmen der Inanspruchnahme für Patienten wahrnehmbar und ansatzweise beurteilbar sind (vgl. Schneider; Pennerstorfer, 2014, S. 159).

Die preispolitischen Ausgestaltungsmöglichkeiten sind im Gesundheitsmarketing mitunter begrenzt. So ist bei der Bepreisung von Medikamenten das AMNOG zu beachten (vgl. Meffert; Rohn, 2011, S. 12; Welz, 2011, S. 111 f.). Ein preispolitischer Spielraum ist bei IGeL gegeben, wobei diese der ärztlichen Gebührenordnung unterliegen (vgl. Ennker; Pietrowski, 2009, S. 167; Meffert; Rohn, 2011, S. 12; Meffert; in Wolde-Lübke, 2017, S. 239). In der Gesundheitswirtschaft treten preispolitische Besonderheiten auf, sodass sich die Preisentwicklung nicht durchweg über Angebot und Nachfrage ergibt. Es herrschen Bedingungen vor, die in Absprache zwischen Anbietern und institutionalisierten Finanzierungsorganisationen (z. B. GKVn und kassenärztliche Vereinigungen) ausgearbeitet werden (vgl. Welz, 2011, S. 41). Für Gesundheitsprodukte und generell für den Erhalt bzw. die Wiederherstellung von Gesundheit bedarf es als nicht-preisliche „Gegenleistung" des Patienten bzw. Kunden dessen aktive Mitwirkung an der Leistung (vgl. Scherenberg, 2017, S. 139 f.). Dies betrifft die gewissenhafte Befolgung und Umsetzung von Therapiemaßnahmen (z. B. Medikamenteneinnahme, ärztliche Verhaltensempfehlungen bei chronischen Erkrankungen).

Bei der Bewerbung von Gesundheitsprodukten ergeben sich Restriktionen, bspw. durch das HWG. So sind inhaltliche Ausgestaltungsmöglichkeiten von Werbung für Pharmaprodukte gegenüber Endkonsumenten limitiert, etwa im Rahmen von TV-Werbung. Perspektivisch wird von einer stärkeren Liberalisierung der inhaltlichen Werbemöglichkeiten ausgegangen (vgl. Welz, 2011, S. 132; Meffert; in Wolde-Lübke, 2017, S. 236).

Hinzu kommt die hohe Bedeutung von ehrenamtlichen Tätigkeiten und Spenden. So ist bspw. ein Hospiz von zusätzlicher externer personeller und finanzieller Unterstützung abhängig, um seine Aufgaben der Betreuung und Begleitung von Sterbenden im Dienst der Gesellschaft umsetzen zu können. Fundraising ist demnach von besonderer Relevanz (vgl. Steiner; Fischer, 2012, S. 2), bspw. gibt es Fundraising-Stabsstellen an Kliniken Fundraising dient dort zum Erhalt der Wettbewerbsfähigkeit, als hierüber Aktivitäten zur Differenzierung von der Konkurrenz realisierbar sind (vgl. Zimmer; Hallmann, 2016, S. 399 f.). Insbesondere für Palliativstationen und Hospize stellt das Fundraising eine Finanzierungsquelle dar (vgl. Steiner; Fischer, 2012, S. 21 f.). Mit dem Spendermarketing (vgl. Scherenberg, 2017, S. 57) hat sich für Fundraising-Aktivitäten von Organisationen ein eigener Marketing-Teilbereich entwickelt. Dieser ist nicht auf die Gesundheitswirtschaft beschränkt und verdeutlicht die Übertragbarkeitsvielfalt des Marketings auf Teilbereiche der Gesundheitswirtschaft.

2.3   Zwischenfazit

Die erläuterten Kategorisierungen gestalten sich insofern als hilfreich, als sie die Heterogenität der Gesundheitswirtschaft und somit des Gesundheitsmarketings sichtbar machen. Der bisher gewonnene Überblick ermöglicht nur bedingt konkrete Handlungsimplikationen für das Marketing. Manche Teilbereiche des Gesundheitsmarketings sind von ihrer Bezeichnung her akteursbezogen (z. B.

Krankenkassenmarketing), andere inhaltsbezogen (z. B. Präventionsmarketing) oder zielgruppenbezogen (z. B. Zuweisermarketing) (Tab. 2.4). Auch innerhalb der Marketing-Teilbereiche ist anbieterbezogen unterschiedlich vorzugehen, z. B. ist das Marketing einer ambulanten Altenpflege anders als das einer stationären, da spezifische organisationale Strukturen vorherrschen und Anspruchsgruppen sich teilweise unterscheiden, ebenso wie die organisationalen Verknüpfungen.

Vielfach sind gleichwohl Überschneidungen festzustellen, sei es zwischen den Aktivitätsfeldern oder hinsichtlich der Tätigkeitsbereiche der Akteure auf der Anbieterseite. So können z. B. im Gesundheitstourismus Fachexperten (z. B. Diätassistenten) tätig sein, die auch in anderen Aktivitätsfeldern der Gesundheitswirtschaft aktiv sind (vgl. Dettmer et al., 1999, S. 701).

Am Beispiel des Spendermarketings zeigt sich, dass weit über die Grenzen des Gesundheitsmarketings hinausgehende Marketing-Aktivitäten und -Teilbereiche nicht außer Acht zu lassen sind, um Marketing-Problemstellungen in der Gesundheitswirtschaft umfänglich zu erfassen. Daran anknüpfend zeichnet sich ab, dass sich Marketing in der Gesundheitswirtschaft inhaltlichen Teilgebieten des Marketings bedient. Diese zeichnen sich gemäß Kuß (2013) dadurch aus, dass sie hinreichend klar abgegrenzt sind, einen umfassenden Teil der Marketingwissenschaft darstellen, über einen längeren Zeitraum in der Marketingforschung eine wesentliche Rolle gespielt haben und institutionell verankert sind (z. B. durch Lehrstühle und Lehrbücher). Dies trifft bspw. auf das Dienstleistungsmarketing, die Markenführung oder das strategische Marketing zu (vgl. Kuß, 2013, S. 240 f.). Dieser Ausrichtung folgend werden im nächsten Kapitel insb. institutionelle Ansätze des Marketings in Bezug auf ihre Anwendung in der Gesundheitswirtschaft beleuchtet.

Adaptierbare Ansätze für das Marketing in der Gesundheitswirtschaft

Als weiteren Schritt bedarf es einer eine Verknüpfung der Aktivitätsfelder mit den institutionellen Ansätzen des Marketings. Diese ist hilfreich, um die Basis für die deduktive Übertragung und Anpassung von Marketingansätzen vornehmen zu können. Hierzu werden relevante institutionelle Marketingansätze vorgestellt, um anschließend deren Adaptier- und Verwendbarkeit für Marketing in der Gesundheitswirtschaft zu diskutieren.

3.1 Relevante institutionelle Marketingansätze bzw. -kategorisierungen

Dieser Abschnitt stellt für das Gesundheitsmarketing bedeutsame institutionelle Marketingansätze und weitere Kategorisierungen vor und nimmt Bezug auf die Verwendbarkeit in der Gesundheitswirtschaft.

3.1.1 Konsumgütermarketing

Das Konsumgütermarketing steht für das „klassische", ursprüngliche Marketing, welches auf sachleistungsbezogene Austauschprozesse mit natürlichen Personen als Zielgruppe/n fokussiert. Diese Akteure sind Privatpersonen, die als Konsumenten (Synonym: Endverbraucher) bezeichnet werden. Sie kaufen und/oder ge- bzw. verbrauchen Sachleistungen zur nicht-gewerblichen Nutzung (vgl. Scharf et al., 2015, S. 21; Kreutzer, 2017, S. 17; Meffert et al., 2019, S. 23, S. 49 f.). Kennzeichnend für konsumproduktbezogene Märkte sind insb. die Massenproduktion für eine (sehr) hohe Nachfragerzahl sowie der vielfach indirekte Vertrieb.

© Der/die Autor(en), exklusiv lizenziert durch Springer Fachmedien Wiesbaden GmbH, ein Teil von Springer Nature 2022
T. Kesting und V. Scherenberg, *Marketing in der Gesundheitswirtschaft*, essentials, https://doi.org/10.1007/978-3-658-37089-3_3

Dies bedeutet, der Vertrieb erfolgt nicht (primär) durch die Produkthersteller selbst (vgl. Bruhn, 2016, S. 33; Wöhe et al., 2016, S. 266), wenn Konsumenten die Produkte v. a. über den Einzelhandel beziehen. Auch deshalb zeichnen sich Märkte für Konsumprodukte durch eine hohe Anonymität aus. Direkter Kontakt zwischen Hersteller und Konsument kommt selten oder gar nicht vor (vgl. Kuß; Kleinaltenkamp, 2016, S. 33), wobei inzwischen Social-Media-Kommunikationsmöglichkeiten erhebliche Potenziale für direkte Interaktionen bieten.

Elemente des Konsumgütermarketings zeigen sich in der Gesundheitswirtschaft z. B. beim Erwerb nicht verschreibungspflichtiger Arzneimittel in Apotheken und beim Kauf von Produkten in Sanitätshäusern. Diesen Akteuren kommt daher kontextbezogen eine Absatzmittlerrolle zu (vgl. 2.2.1.2). Gleichwohl bestehen erhebliche Unterschiede beim Kauf von Lebensmitteln bzw. Gebrauchsgütern im Vergleich zum Erwerb von Gesundheitsprodukten überwiegenden Sachgutcharakters. Entsprechend eignet sich der Begriff Konsumgut in der Gesundheitswirtschaft überwiegend nicht, da es sich bei Gesundheitsprodukten für Endverbraucher typischerweise nicht um klassische Konsumprodukte handelt. Zudem besteht häufig Erklärungsbedarf für die Leistungen. So schließt etwa der Erwerb von Produkten mit überwiegendem Sachgutanteil (z. B. in der Apotheke) nicht selten eine Beratung mit Nutzungsinstruktionen mit ein.

3.1.2 Industriegütermarketing

Adressaten des Industriegütermarketings sind organisationale Nachfrager, denen die Produkte zur gewerblichen Nutzung dienen (vgl. Wöhe et al., 2016, S. 365; Kreutzer, 2017, S. 17; Becker, 2019, S. 702). Somit stellt die Zielgruppe das primäre Unterscheidungsmerkmal zwischen Konsum- und Industriegütermarketing dar (vgl. Meffert et al. 2019, S. 23). Inhaltlich befasst sich das Industriegütermarketing mit Austauschprozessen in Bezug auf (Sach-)Leistungen, die von Organisationen nachgefragt werden, „(...) um andere Leistungen zu erbringen, die über den mittelbaren oder unmittelbaren Weiterverkauf an Endverbraucher hinausgehen." (Kuß; Kleinaltenkamp, 2016, S. 30). Eine sich aus organisationalen Zielgruppen ergebende Besonderheit ist die sog. derivative (abgeleitete) Nachfrage. Diese Nachfrage ist sekundärer Natur: sie basiert auf der Nachfrage der Kunden nach Leistungen dieses Nachfragers (vgl. Bruhn, 2016, S. 34; Kuß; Kleinaltenkamp, 2016, S. 33). Übertragen auf die Gesundheitswirtschaft wäre die Anschaffung von Trainingsgeräten eines Rehabilitationszentrums eine derivative Nachfrage, die sich auf die Nachfrage von Patienten nach Rehabilitationsmaßnahmen stützt. Weitere Unterschiede zum Konsumgütermarketing stellen der überwiegende Direktvertrieb von Produkten, stark formalisierte, länger andauernde Kaufentscheidungsprozesse, eine tendenziell geringere Nachfrageranzahl, größere Transaktionsvolumina sowie überwiegende Mehrpersonenentscheidungen dar (vgl. Backhaus; Voeth, 2004, S. 8; Kuß. 2013, S. 250; Bruhn, 2016, S. 34; Kuß; Kleinaltenkamp, 2016, S. 34).

Analog zum Konsumgütermarketing ist das Industriegütermarketing gemäß seiner Bezeichnung stark auf Sachgüter ausgerichtet. Dies ist nicht unproblematisch, da gerade klassische Industriegüter nicht selten einen hohen Dienstleistungsanteil aufweisen (z. B. Beratung, Lieferung, Installation, Mitarbeiterschulung und Produktwartung beim Kauf einer Produktionsanlage). Für die Verwendung in der Gesundheitswirtschaft erweist sich das Industriegütermarketing begrifflich als eher abstrakt, wie bspw. beim Kauf eines Computertomographen (CT-Gerät) durch eine Arztpraxis deutlich wird. So umfasst das Gesamtprodukt nicht nur die als Sachgut charakterisierbare Anlage selbst, sondern auch zusätzliche Dienstleistungskomponenten als quasi unverzichtbare Bestandteile des Gesamtprodukts, wie etwa Aufbau, Installation und Benutzerschulung, sowie regelmäßige weitere Leistungen im Nutzungszeitraum, darunter Produktberatung und Wartungsleistungen.

3.1.3   Dienstleistungsmarketing

Bisher wurde deutlich, dass es kaum Gesundheitsprodukte mit reinem Sachgutcharakter gibt. Neben den aufgeführten zusätzlichen Dienstleistungskomponenten bei Produkten mit überwiegendem Sachgutanteil, sind Gesundheitsprodukte eher Dienstleistungen im engeren Sinne. Demnach weisen viele Aktivitätsbereiche der Gesundheitswirtschaft vorwiegend Dienstleistungscharakteristika auf, sodass mit Blick auf Marketingaktivitäten (primär) das Dienstleistungsmarketing relevant ist (vgl. Welz, 2011, S. 36). Dies trifft bspw. auf medizinische Behandlungen zu, wobei diese ergänzend Sachgutkomponenten aufweisen können (z. B. einen angelegten Verband oder eine für Heilungsprozesse genutzte Salbe). Viele Gesundheitsprodukte zeichnen sich durch klassische Dienstleistungscharakteristika aus: Sie sind (weitestgehend) immateriell. Das Erstellen und die Inanspruchnahme der Leistungen finden gleichzeitig statt (sog. Uno-Actu-Prinzip). Des Weiteren ist vielfach die Integration eines externen Faktors erforderlich. So bedarf es der Mitwirkung bzw. physischen Präsenz von Patienten, um eine erfolgreiche medizinische Behandlung vornehmen zu können. Überdies

Tab. 3.1 Beispielhafte Erläuterung der drei Dienstleistungserstellungs-Dimensionen

Dimension	Erläuterungen	Beispielhafte Implikation
Potenzialorientierung	Spezifische Fähigkeiten und Bereitschaft zur Leistungserbringung	Fachkundige Ärzte und Mitarbeiter verfügen über entsprechende Ausrüstung und Räume zur Erbringung medizinischer Leistungen
Prozessorientierung	Einbringung des externen Faktors	Erbringung von Leistungen direkt am Patienten (z. B. Operation)
Ergebnisorientierung	Dienstleistung im Sinne eines Ergebnisses	Erfolgreiche medizinische Behandlung zur Beschwerdereduktion bzw. Heilung (z. B. Entfernung des Blinddarms)

Quellen: vgl. Meffert et al. (2018), S. 13 ff.; Meffert et al. (2019), S. 29

ist zur Dienstleistungserbringung das Leistungspotenzial vor der Inanspruchnahme bereitzustellen. Damit bspw. ein Krankenhaus medizinische Behandlungen von Patienten vornehmen kann, sind Behandlungskapazitäten vorzuhalten, so etwa das Personal, die Räumlichkeiten und ihre Ausstattung mit insb. medizinischen Geräten und weiteren Medizinprodukten, wie ärztliche Instrumente oder Verbandsstoffe (vgl. Matusiewicz, 2019, S. 10 ff.; BMG, 2021c). Tab. 3.1 veranschaulicht die zentralen Dienstleistungscharakteristika am Beispiel einer medizinischen Behandlung. Diese dimensionsbezogene Charakterisierung entspricht der mittelbaren Definition des Dienstleistungsbegriffs über Potenzial-, Prozess- und Ergebnisdimension.

Dienstleistungen können als Produkte mit überwiegendem Dienstleistungsanteil synonym als „Services" bezeichnet werden (vgl. Meffert et al., 2018, S. 15). Sie weisen im Vergleich zu Sachgütern einige Besonderheiten auf, da sie erst zu erbringen sind. Zudem sind sie weitestgehend immaterieller Natur und weder lager- noch transportfähig (vgl. Kuß; Kleinaltenkamp, 2016, S. 36; Meffert et al., 2019, S. 26 ff.). Weiterhin werden Dienstleistungen überwiegend direkt vertrieben bzw. erbracht und *sind* durch eine hohe Individualisierung gekennzeichnet (vgl. Kuß, 2013, S. 253) – daher spielen Handelsstufen in Form des indirekten Vertriebs im Dienstleistungsmarketing eine geringe Rolle. In der Gesundheitswirtschaft können Dienstleistungen nach der Inanspruchnahme nicht oder nur sehr schwer auf ihre Qualität hin beurteilt werden (z. B. eine Therapie oder eine abgeschlossene Krankenversicherung) (vgl. Meffert; Rohn, 2011, S. 8; Kuß, 2013, S. 253; Kreutzer, 2017, S. 18). Zielgruppenbezogen wird zwischen konsumtiven und investiven Dienstleistungen unterschieden. Erstere richten sich an Privatpersonen als Konsumenten (Endverbraucher), letztere an Organisationen (vgl. Meffert et al., 2018, S. 11 f.; Meffert et al., 2019, S. 26). Übertragen auf die Gesundheitswirtschaft kann eine medizinische Behandlung beim Arzt i. w. S. als konsumtive Dienstleistung aufgefasst werden, die Entwicklung eines Programms für ein Betriebliches Gesundheitsmanagement (BGM) eines Unternehmens durch einen Dienstleister als investive Dienstleistung.

3.1.4 Business-to-Consumer- und Business-to-Business-Marketing

Grundlegende Herausforderungen in Bezug auf die institutionellen Ansätze bestehen darin, dass diese Überlappungen aufweisen, weil eine klare Trennung von Sachgütern und Dienstleistungen vielfach nicht zweckmäßig und/oder nicht möglich ist. Wie dargelegt, finden sich im Konsumgüter- wie auch im Industriegüterbereich nahezu keine Sachgüter ohne ergänzende Dienstleistungsanteile (z. B. Garantieleistungen) (vgl. Meffert et al., 2019, S. 26). Die Kombinationen „konsumtive" bzw „investive" Dienstleistungen als zielgruppenbezogene Differenzierung von Dienstleistungen unterstreichen die ansatzbezogenen Überschneidungen. Letztlich sind solche Differenzierungen zwar für das Grundverständnis hilfreich, für eine tiefergehende Auseinandersetzung mit praxisrelevanten Marketingfragestellungen hingegen wenig zielführend. Gerade in Bezug auf Industriegüter und investive Dienstleistungen zeigen sich viele Gemeinsamkeiten, da etwa direkter Vertrieb mit persönlichem Austausch und Kundeneinbeziehung in Planung und Umsetzung, individuelle Produktgestaltung und teilweise oder überwiegende Leistungserbringung am Standort des Kunden sowohl für überwiegende Sachgüter als auch für investive Kerndienstleistungen charakteristisch sind (vgl. Backhaus; Voeth, 2004, S. 15; Kuß, 2013, S. 250 f.; Bruhn, 2016, S. 34). Eine Kerndienstleistung meint hier, dass das Produkt vom Charakter her eine überwiegende Dienstleistung darstellt. Hinzu kommt, dass sich klassische Industriegüterproduzenten zu Dienstleistern weiterentwickeln können, die hybride Wertschöpfung betreiben (vgl. Kesting, 2012, S. 366 ff.; Meffert et al., 2018, S. 11 f.). Eine hybride Zusammensetzung von Gesamtleistungen im Sinne kundenorientierter Problemlösungen ermöglicht keine zweckmäßige Trennbarkeit von Industriegütermarketing und investivem Dienstleistungsmarketing bzw. macht diese letztlich obsolet.

Bezugnehmend auf diese Argumentation empfiehlt es sich, das Dienstleistungsmarketing inhaltlich und begrifflich deutlich integrativer in Kombination mit Konsumgüter- bzw. Industriegütermarketing zu verwenden, um diese Trennung begrifflich zu überwinden, da „-gütermarketing" den Sachgutcharakter der gehandelten Produkte in den Fokus stellt. Als zielführende Begriffe bieten sich die etablierten Termini „Business-to-Consumer-Marketing (B-to-C-Marketing)" und „Business-to-Business-Marketing (B-to-B-Marketing)" an. Beide enthalten die Zielgruppenorientierung explizit in ihrer Bezeichnung, ohne a priori auf einen (scheinbar) eindeutigen Produktcharakter mit Blick auf Sachgut- oder Dienstleistungsfokus Bezug zu nehmen. Demnach steht das B-to-C-Marketing für die Analyse und Ausgestaltung all jener Austauschprozesse dar, die sich auf Produkte beziehen, welche von natürlichen Personen in ihrer Rolle als Konsumenten (Endverbraucher) nachgefragt werden. Hierunter fallen alle Arten von Produkten, die Konsumenten als Zielgruppen adressieren. Entsprechend kann B-to-B-Marketing zielgruppenbezogen vom B-to-C-Marketing abgegrenzt werden, da es sich auf Produkte jedweder Art für organisationale Zielgruppen bezieht.

Die Verwendung der Termini B-to-C- und B-to-B-Marketing ermöglicht ein sehr zweckmäßiges, weiter gefasstes Begriffsverständnis, das auf eine zielgruppenbezogene Differenzierung fokussiert und nicht den Produktcharakter in den Fokus gestellt. Dies ist im Sinne eines zielgruppenorientierten Marketings, als Produkte letztlich Mittel zum Zweck, um zielgruppenspezifischen Nutzen zu realisieren. B-to-C- und B-to-B-Marketing sind deutlich weiter gefasst als Konsumgüter- und Industriegütermarketing. Charakteristika in Bezug auf die jeweils spezifischen begrifflichen und inhaltlichen Besonderheiten beider klassischer institutioneller Ansätze bleiben im Bezugskontext der weiter gefassten Begriffswahl erhalten. So findet auf B-to-B-Märkten der aus dem Industriegütermarketing stammende Begriff „Beschaffung" in Bezug auf Kaufprozesse Verwendung. Hingegen treten „Konsum" und dessen Wortfamilie, wie auch „Verbraucher", ausschließlich im B-to-C-Kontext auf (vgl. Backhaus; Voeth, 2010, S. 42; Meffert et al., 2019, S. 49 f.). Festzuhalten bleibt, dass es sich bei B-to-C- und B-to-B-Marketing nicht um klassische institutionelle Ansätze des Marketings, sondern um pragmatische Hilfsansätze handelt, die auf Integration und die Überwindung in der Praxis wenig zweckmäßiger Kategorisierungsabgrenzungen abzielen. Überdies ermöglichen diese Hilfsansätze eine bessere Einordnung der folgenden institutionellen Ansätze in Bezug auf deren jeweiligen Zielgruppenfokus. So kann bspw. ein Fokusbereich wie „gesundheitsbewusstes

Konsumentenverhalten" wissenschaftlich und praxisbezogen umfassend betrachtet werden, indem die Zielpersonen als Akteure und nicht die Beschaffenheit des Gesundheitsprodukts als Betrachtungsperspektive herangezogen werden (vgl. Silbermann, 2015, S. 15 f.).

3.1.5   Handelsmarketing und Trade Marketing

Einen weiteren themenrelevanten institutionellen Marketingansatz stellt das Handelsmarketing dar. Es steht für das von Handelsunternehmen betriebene Marketing (vgl. Schröder, 2012, S. 19). Der Handel übernimmt verschiedene Aufgaben, so etwa Lagerhaltung und Transport bzw. die regionale Verbreitung von Gütern. Zudem stellt er eine informative Schnittstelle zwischen Anbietern und Kunden dar, indem er Kunden über Angebote und Hersteller über Kundenreaktionen informiert (vgl. Kuß, 2013, S. 243). Wenngleich der Dienstleistungscharakter von Handelsaktivitäten deutlich ersichtlich ist, ist Handelsmarketing aufgrund seiner Besonderheiten nicht mit Dienstleistungsmarketing gleichzusetzen oder als Teil von diesem zu verstehen. Vielmehr erfordert es eine spezifische Betrachtung (vgl. Müller-Hagedorn, 2005, S. 4; Kesting; Rennhak, 2008, S. 67). Ein Charakteristikum liegt darin, dass Handelsunternehmen keine einzelnen Produkte, sondern Sortimente anbieten (vgl. Oehme, 2000, S. 218). Die Marketingaktivitäten von Einzelhandelsunternehmen gegenüber Konsumenten sind in übergeordneter Betrachtung dem B-to-C-Marketing zuzuordnen (vgl. Kesting; Rennhak, 2008, S. 68). Für die Gesundheitswirtschaft kann dieses Handelsmarketing von Einzelhandelsunternehmen (mit Anpassungen) auf Apotheken und Sanitätsfachgeschäfte übertragen werden – unter der Beachtung von Besonderheiten wie etwa der rezeptpflichtige Erwerb bestimmter Produkte (vgl. Schramm, 2013, S. 67).

Als weiterer kontextrelevanter Ansatz ist das Trade Marketing zu nennen, welches auf den Handel gerichtete Marketingaktivitäten von Industrieunternehmen umfasst, die den Handel als Absatzmittler nutzen. Inhaltlich fällt das Trade Marketing unter das B-to-B-Marketing (vgl. Böhm et al., 2006, S. 261 f.; Schröder, 2012, S. 19). In der Gesundheitswirtschaft zeigt es sich bspw. in der Zusammenarbeit von Pharmaherstellern mit dem Pharmagroßhandel Noweda, der Apotheken mit Pharmaprodukten beliefert.

3.1.6 Nonprofit-Marketing und Soziomarketing

Insbesondere durch die Einbeziehung sozialwirtschaftlicher Betrachtungsinhalte im Sinne eines weiter gefassten gesundheitswirtschaftlichen Verständnisses (vgl. Abschn. 2.2.2), bedarf es einer Integration von Nonprofit- und Soziomarketing in die weiteren Überlegungen. Das Nonprofit-Marketing stützt sich – wie das Handelsmarketing – begrifflich auf eine primär akteursbezogene Abgrenzung und steht für die Marketingaktivitäten von Nonprofit-Organisationen (vgl. Hansen; Bode, 1999, S. 376 f.; Hohn, 2001, S. 17 f.). Nonprofit-Akteure sind in der Gesundheitswirtschaft vielfach aktiv vertreten (z. B. Deutsches Rote Kreuz (DRK), Diakonie, Caritas). Grundlegende, wenngleich nicht durchweg auf Nonprofit-Akteure in der Gesundheitswirtschaft zutreffende Merkmale sind ein Mindestmaß in Bezug auf eine formelle Organisation, private Trägerschaft, Selbstverwaltung, freiwillige, d. h. ehrenamtliche Mitarbeiter sowie die Nichtausschüttung von Gewinnen an Eigentümer bzw. Anteilseigener (vgl. Gross; Ingerfurth, 2019, S. 71).

Nonprofit-Marketing kann um Soziomarketing ergänzt bzw. mit diesem kombiniert werden. Während Nonprofit-Marketing begrifflich eine akteursbezogene Eingrenzung aufweist, ist Soziomarketing im problemorientierten Sinne weiter zu fassen. Soziomarketing steht für Marketingaktivitäten, welche die Akzeptanz und Realisierung sozialer Ideen und Ziele verfolgen (vgl. Raffée et al., 1983, S. 683). Der Vorzug dieses weit gefassten Begriffsverständnisses liegt darin, dass die Definition über eine umfassende inhaltliche Abdeckung keine Akteursbegrenzung aufweist. Folglich kann Soziomarketing von Organisationen jedweder Art und Rechtsform erbracht werden (z. B. Nonprofit-Organisationen, Wirtschaftsunternehmen, öffentliche Einrichtungen) (vgl. Raffée et al., 1983, S. 691; Hohn, 2001, S. 17). Eine Besonderheit weist das das Marketing von Nonprofit-Organisationen durch ein geringes bzw. eingeschränktes Marketingbudget auf, sodass vielfach die Unterstützung durch Freiwillige und Fundraising-Aktivitäten von Bedeutung sind (vgl. Hohn, 2001, S. 74; Bruhn, 2016, S. 36). Soziomarketing adressiert inhaltlich v. a. die Kernaktivitäten von Nonprofit-Organisationen (z. B. DRK), und kommt auch bei anderen Akteuren zum Einsatz (z. B. Apotheken, Sanitätsprodukthersteller, Organisationen außerhalb der Gesundheitswirtschaft), die Bedürftigen Sachspenden zur Verfügung stellen.

Tab. 3.2 Abgrenzungsdimensionen institutioneller und weiterer Marketingansätze

Inhaltliche Abgrenzung	Akteursbezogene Abgrenzung	Zielgruppenbezogene Abgrenzung	Akteurs- und zielgruppenbezogene Abgrenzung
Konsumgütermarketing	Handelsmarketing	Trade Marketing	B-to-C-Marketing
Industriegütermarketing	Nonprofit-Marketing		B-to-B-Marketing
Dienstleistungsmarketing			
Soziomarketing			

Quelle: Eigene Darstellung

3.1.7 Zusammenfassender Überblick

Bezugnehmend auf die institutionellen Marketingansätze und weitere Kategorisierungen lassen sich diese nach Abgrenzungsdimensionen klassifizieren (vgl. Tab. 3.2). Als Besonderheit ist hervorzuheben, dass B-to-C- und B-to-B-Marketing sowohl eine akteurs- als auch eine zielgruppenbezogene Abgrenzung vertreten. Daher geht es im nächsten Schritt darum, inwieweit aus diesen Ansätzen Implikationen für das Gesundheitsmarketing ableitbar sind.

3.2 Adaptionen und Verwendbarkeit für das Marketing in der Gesundheitswirtschaft

Unter Berücksichtigung der institutionellen Ansätze sowie der Hilfsansätze des B-to-C- und des B-to-B-Marketings zeigt sich, dass eine strikt abgrenzbare institutionelle Betrachtung der inhaltlichen und akteursbezogenen Relationen in der Gesundheitswirtschaft kaum möglich und wenig zielführend ist. Die Heterogenität sowohl der Akteure als auch des Leistungsspektrums und der Zielgruppen verdeutlicht, dass vielfache Überschneidungen auftreten. Je nach Marktaktivität einer Organisation der Gesundheitswirtschaft kommen bspw. für das Beschaffungsmarketing Aspekte des B-to-B-Marketings und für das Absatzmarketing Aspekte des B-to-C- und/oder des B-to-B-Marketings zum Tragen.

Diese Vielfalt lässt sich für Marketing in der Gesundheitswirtschaft noch weiter differenzieren. So weist das Apothekenmarketing v. a. Elemente des Handelsmarketings auf, wenn es um die Austauschbeziehungen mit Patienten bzw. Endkunden der Apotheke geht. Da Apotheken Beratungen und weitere Dienstleistungen anbieten (z. B. Impfpass-Check und Verleih von Medizinprodukten), findet das Dienstleistungsmarketing für Apotheken ebenfalls Anwendung. Weitere

Aktivitäten tangieren weitere Marketing-Teilbereiche und Zielgruppen. So richten sich Apotheken mit Aushängen im Schaufenster und Posts in Social Media zu Gesundheits- und Präventionstipps an die allgemeine Öffentlichkeit und sind im Präventionsmarketing tätig. Zielgruppenbezogen kann das Marketing wiederum differenziert werden (z. B. Lieferservice für ältere Kunden). Weiterhin betreiben Apotheken Beschaffungsmarketing gegenüber dem Pharmagroßhandel und sind Zielgruppen des Trade Marketings von Pharmaherstellern. Überdies ist, im Sinne des zuvor des zuvor abgegrenzten Marketingverständnisses (vgl. Abschn. 2.1), internes Marketing gegenüber Mitarbeitern relevant. Tab. 3.3 ist ein Versuch, diese Vielfalt darzustellen, indem beispielbezogen Elemente institutioneller und weiterer Marketingansätze den jeweiligen Akteuren zugeordnet werden.

Wie aus Tab. 3.3 ersichtlich wird, umfasst das Apothekenmarketing nur einen Teil der Marketingaktivitäten von Apotheken. Es ist demnach um weitere institutionelle Ansätze und Marketing-Teilbereiche zu ergänzen, die deduktiv auf apothekenbezogene Marketing-Problemstellungen zu übertragen sind. Andernfalls ist die inhaltliche und anspruchsgruppen- und zielgruppenbezogene Verflechtung nicht annähernd erfassbar. Nicht oder nicht direkt berücksichtigt sind Netzwerkkontakte, etwa die Kommunikation zwischen Ärzten und Apotheken (z. B. zu Präventionsempfehlungen) sowie auch fachnetzwerkbezogener Austausch, der mit Innen- und Außenkommunikation gesundheitsmarketingbezogene Relevanz aufweist. In Bezug auf Apotheken zeigt sich, dass weder ein „generisches Gesundheitsmarketing" noch ein akteursbezogenes Marketing wie Apothekenmarketing umfassend und integrativ abbildbar und charakterisierbar ist. Zudem bleiben die nicht in bisherigen Kategorisierungen erfassten ausbildungsbezogenen Bereiche außen vor, so etwa Fachschulen, Hochschulen und Fakultäten mit gesundheitswirtschaftlicher Ausrichtung – also Anbieter gesundheitswirtschaftlicher Bildungsprodukte. Diese weisen Anknüpfungspunkte zum nicht direkt gesundheitswirtschschaftsbezogenen Bildungs- bzw. Hochschulmarketing auf.

Insgesamt betrachtet ergibt sich aufgrund zahlreicher Limitationen vorangegangener Kategorisierungen die Notwendigkeit der deduktiven Übertragung bestehender Ansätze und deren problemstellungsbezogene Adaption und Kombination im Sinne eines Baukastenprinzips. Hilfreich für eine solche Systematisierung können vorangestellte zentrale Fragestellungen sein, auf die das folgende Kapitel abschließend eingeht.

Tab. 3.3 Einordnung von Marketingaktivitäten in der Gesundheitswirtschaft

Anbieterseitig relevante Akteure	Zielgruppenseitige relevante Akteure	Produkte bzw. Inhalte (Auswahl)	Institutionelle Bezugselemente (absatzmarktbezogen)
Apotheke	Endkunden; Öffentlichkeit; Mitarbeiter	Bereitstellung von Pharmaprodukten, Beratung, Information, Kommunikation, Motivation	Handels- und Dienstleistungsmarketing; Business-to-Consumer-Marketing
Pharmagroßhandel	Apotheken	Lieferung von Pharmaprodukten	Business-to-Business-Marketing
Pharmahersteller	Apotheken	Angebot und Sortimentsplatzierung von Pharmaprodukten	Business-to-Business-Marketing; Trade Marketing
Krankenkassen	Versicherte; Öffentlichkeit; Mitarbeiter	Bereitstellung Dienstleistungen, Beratung, Information, Kommunikation, Motivation	Dienstleistungsmarketing; B-to-C-Marketing; B-to-B-Marketing
Kliniken	Patienten, Öffentlichkeit, Mitarbeiter	Medizinische Versorgung und Beratung (ambulant und stationär)	Dienstleistungsmarketing; B-to-C-Marketing

Quelle: Eigene Darstellung

Zusammenfassung und Fazit

4

Wie die vorigen Ausführungen gezeigt haben, weist das Marketing in der Gesundheitswirtschaft zahlreiche Schnittstellen hinsichtlich verschiedener Betrachtungsperspektiven auf. Um genauer zu eruieren, in welchem Umfeld sich die Akteure befinden, welche Marketingansätze zum Tragen kommen können und welche (z. B. rechtlichen oder ethischen Besonderheiten) zu beachten sind, bieten sich die folgenden zentralen Fragestellungen an, um auf konzeptioneller Basis die verschiedenen Dimensionen zu verknüpfen und aufeinander abzustimmen:

- Welche **übergreifende Zielgruppe** soll mit den Marketingaktivitäten angesprochen werden? (z. B. B-to-B vs. B-to-C-Marketing)
- Von welchem **Akteur** geht die Marketingaktivität aus? (z. B. Krankenkassenmarketing)
- Welche **Zielgruppe** soll direkt oder indirekt anvisiert werden? (Patientenmarketing)
- Welche konkrete direkte oder indirekte (ökonomische oder gesundheitsbezogene) **Zielsetzung** wird mit den Marketingaktivitäten verfolgt? (z. B. Präventionsmarketing)
- Auf welchen konkreten **Gegenstand** (Produkt) beziehen sich die Marketingaktivitäten? (IGeL-Marketing)

Mithilfe dieser Fragen wird deutlich in welchem Marketingbereich sich die Akteure bewegen, da eine Abgrenzung in der Praxis kaum möglich ist und die einzelnen Marketingbereiche immer auch Schnittstellen zu anderen Marketingbereichen aufweisen. Die Bezugsmatrix (Abb. 4.1) verdeutlicht zusammenfassend, dass es bei der Definition insbesondere darum geht, welche Perspektive eingenommen wird.

© Der/die Autor(en), exklusiv lizenziert durch Springer Fachmedien
Wiesbaden GmbH, ein Teil von Springer Nature 2022
T. Kesting und V. Scherenberg, *Marketing in der Gesundheitswirtschaft,*
essentials, https://doi.org/10.1007/978-3-658-37089-3_4

Abb. 4.1 Konzeptionell abgeleitete Bezugsmatrix für Marketing in der Gesundheitswirtschaft (Eigene Darstellung)

Die Fragen machen deutlich, dass es keine Entweder-Oder-Entscheidungen sind, sondern sie geben eine Orientierung dahin gehend, welche marketingwissenschaftlichen Befunde je nach Zielgruppe, Akteur, Zielgruppe und Gegenstand in die Entwicklung von Marketinginterventionen eingebracht werden können. Die Orientierung an Ziel- bzw. Anspruchsgruppen entspricht dem Kerngedanken des modernen Marketings. Gleichwohl ist in diesem Kontext auch akteursseitig sicherzustellen, dass die erforderlichen Ressourcen und Kompetenzen zur Befriedigung der nachfragerseitigen Bedürfnisse vorhanden sind bzw. beschafft werden können. Damit einhergehend ist auch die Zielsetzung des jeweiligen Marketings mit den sowohl nachfrager- als auch anbieterseitigen Bedürfnissen in Einklang zu bringen, um Zielkonflikte zu vermeiden und auch die internen Anspruchsgruppen der Organisation gezielt miteinzubeziehen – im Sinne des klassischen Stakeholder-Ansatzes. Das Marketing ist unter dem Primat der Ziel- und Anspruchsgruppenorientierung dann inhaltlich auf den jeweils relevanten Gegenstand zu adaptieren. Mit dieser Bezugsmatrix (Abb. 4.1) kann die Multidimensionalität und Vielfalt des Marketings in der Gesundheitswirtschaft direkter und zielgerichteter erfasst werden, sodass diese Darstellung und deren Ausgestaltung die Marketingpraxis besser abzubilden vermag als ein klassisches

Fließdiagramm, das eindimensional entweder (im Sinne der früheren Verkäufermarktprämisse) die Anbieterperspektive oder (im Sinne der heutigen, auch auf die Gesundheitswirtschaft übertragbare Perspektive der Käufermarktprämisse) die Nachfrager- bzw. Zielgruppenperspektive an den Anfang aller Überlegungen stellt. Mit dem oben dargestellten Modell wird beiden Perspektiven entsprechend Rechnung getragen und auch die internen Anspruchsgruppen und der Anbieternutzen finden, ausgehend von der Zielgruppenorientierung, in praxisbezogen angemessenerem Maße Berücksichtigung.

Mit Blick auf Marketingüberlegungen und -aktivitäten sind insbesondere in der Gesundheits- und Sozialwirtschaft soziale, ethische und rechtliche Aspekte zu beachten, da ihre Missachtung sich wie ein Bumerang negativ (Shitstorm) auf die ursprünglichen Bemühungen des Marketings auswirken können. Mögliche Zieldivergenzen gilt es daher im Vorfeld zu prüfen, da der Wert von Akteuren der Gesundheits- und Sozialwirtschaft darin gesehen werden kann, inwieweit soziale und gesundheitliche Wirkungen bei der jeweiligen Zielgruppe und indirekt der gesamten Gesellschaft erreicht wird. Denn wahrgenommene Fehltritte von Akteuren der Sozial- und Gesundheitswirtschaft werden von der Öffentlichkeit stärker abgestraft als dies bei Akteuren der Privatwirtschaft der Fall ist (vgl. Scherenberg, 2013, S. 140). Insgesamt ist gleichwohl zu konstatieren, dass die deduktive Übertragung auf Basis der vorgenommenen konzeptionellen Einordnung sehr ergiebige Potenziale für in der Gesundheitswirtschaft tätige Organisationen birgt. Eine gewissenhafte und behutsame Berücksichtigung aller dargelegten Dimensionen und deren Abstimmung aufeinander bietet somit eine bedeutsame Grundlage für die langfristige Existenzsicherung und die Nutzung neuer Chancen und Möglichkeiten.

Was Sie aus diesem *essential* mitnehmen können

- Kategorisierungen des Marketings in der Gesundheitswirtschaft
- Übersichten der Vielfalt und Dimensionen dieses Marketings
- ein konzeptionell basiertes Vorgehensprozedere als Leitfaden für die wissenschaftliche und praktische Anwendung

Literatur

Andreasen, A. R., & Kotler, P. (2008). *Strategic marketing for nonprofit organizations* (7. Aufl.). Pearson.

Arnold, U., Grunwald, K., & Maelicke, B. (2014) (Hrsg.). *Lehrbuch der Sozialwirtschaft* (4., erweiterte Aufl.). Nomos.

Backhaus, K., & Voeth, M. (2004). Besonderheiten des Industriegütermaketing. In: K. Backhaus, M. Voeth (Hrsg.), *Handbuch Industriegütermarketing. Strategien – Instrumente – Anwendungen* (S. 3–21). Gabler.

Backhaus, K., & Voeth, M. (2010). *Industriegütermarketing, 9* (überarbeitete). Vahlen.

Becker, H. E. (2017). Einleitung. In: H. E. Becker (Hrsg.), *Das Sozialwirtschaftliche Sechseck. Soziale Organisationen zwischen Ökonomie und Sozialem* (2., vollständig überarbeitete und erweiterte Aufl., S. 1–12). Springer VS.

Becker, J. (2019). *Marketing-Konzeption. Grundlagen des ziel-strategischen und operativen Marketing-Managements* (11., aktualisierte und ergänzte Aufl.). Vahlen.

Berg, W. (2008). *Gesundheitstourismus und Wellnesstourismus.* Oldenbourg.

Berkowitz, E. N. (2016). *Essential* (4. Aufl.). Jones & Bartlett Learning.

Böhm, D.-N., Rennhak, C., & Ebert, T. (2006). Kundenbindung in B2B-Beziehungen. In C. Rennhak (Hrsg.), *Herausforderung Kundenbindung* (S. 261–272). Gabler.

Breitenbach, J., & Fischer, D. (2013). Pharma-Marketing: Sozioökonomische Trends bestimmen die Zukunft. In: D. Fischer, J. Breitenbach (Hrsg.), *Die Pharmaindustrie. Einblick – Durchblick – Perspektiven* (4. Aufl., S. 269–290). Springer Gabler.

Brinkmann, V. (2010). *Sozialwirtschaft. Grundlagen – Modelle – Finanzierung.* Gabler.

Bruhn, M. (2016). *Marketing. Grundlagen für Studium und Praxis* (13., aktualisierte Aufl.). Springer Gabler.

BMG – Bundesministerium für Gesundheit. (2021a). Gesundheitswirtschaft als Jobmotor. https://www.bundesgesundheitsministerium.de/themen/gesundheitswesen/gesundheitswirtschaft/gesundheitswirtschaft-als-jobmotor.html. Zugegriffen: 30. Nov. 2021.

BMG – Bundesministerium für Gesundheit. (2021b). Gesundheitswirtschaft im Überblick. https://www.bundesgesundheitsministerium.de/themen/gesundheitswesen/gesundheitswirtschaft/gesundheitswirtschaft-im-ueberblick.html. Zugegriffen: 30. Nov. 2021.

BMG – Bundesministerium für Gesundheit (2021c). Medizinprodukte. https://www.bundesgesundheitsministerium.de/themen/gesundheitswesen/medizinprodukte/definition-und-wirtschaftliche-bedeutung.html. Zugegriffen: 30. Nov. 2021.

BMG – Bundesministerium für Gesundheit. (2021d). Zusammen gegen Corona. https:// www.zusammengegencorona.de/. Zugegriffen: 08. Dez. 2021.

BMWi – Bundesministerium für Wirtschaft und Energie. (2021). *Gesundheitswirtschaft. Fakten & Zahlen, Daten 2020. Ergebnisse der Gesundheitswirtschaftlichen Gesamtrechnung.* Bundesministerium für Wirtschaft und Energie.

Cezanne, W. (2005). *Allgemeine Volkswirtschaftslehre, 6* (überarbeitete). Oldenbourg.

Cooper, P. D. (Hrsg.). (1979). *Health care marketing: Issues and trends.* Aspen Systems Corporation.

Dahlbeck, E., & Hilbert, J. (2008). Beschäftigungstrends in der Gesundheitswirtschaft im regionalen Vergleich. In: Forschung aktuell, Ausgabe 6/2008, Gelsenkirchen: Institut Arbeit und Technik (IAT) der Fachhochschule Gelsenkirchen. http://www.iat.eu/forsch ung-aktuell/2008/fa2008-06.pdf. Zugegriffen: 15. Mai 2021.

Dahlbeck, E., & Hilbert, J. (2017). Einleitung: Gesundheitswirtschaft als Motor der Regionalentwicklung. In E. Dahlbeck & J. Hilbert (Hrsg.), *Gesundheitswirtschaft als Motor der Regionalentwicklung* (S. 1–6). Springer VS.

Dettmer, H., Hausmann, T., Kloss, I., Meisl, H., & Weithöner, U. (1999). *Tourismus-Marketing-Management.* Oldenbourg.

Ennker, J., & Pietrowski, D. (2009). *Krankenhausmarketing. Ein Wegweiser aus ärztlicher Perspektive.* Steinkopff.

Fischer, F., Aust, V., & Krämer, A. (2016). eHealth: Hintergrund und Begriffsbestimmung. In F. Fischer & A. Krämer (Hrsg.), *eHealth in Deutschland* (S. 3–24). Springer-Verlag.

Fortenberry, J. L., Jr. (2010). *Health Care Marketing: Tools and Techniques* (3. Aufl.). Jones and Bartlett Publishers.

Freeman, R. E. (1984). *Strategic Management.* A Stakeholder Approach, Pitman.

Frodl, A. (2004). *Management von Arztpraxen. Kosten senken, Effizienz steigern. Betriebswirtschaftliches know-how für die Heilberufe.* Gabler.

Gross, H. P., & Ingerfurth, S. (2019). Internationalisierung von Nonprofit-Akteuren im Gesundheitswesen. In M. Pfannstiel, P. Da-Cruz, & V. Schulte (Hrsg.), *Internationalisierung im Gesundheitswesen* (S. 67–84). Springer Gabler.

Groß, M. S. (2017). *Gesundheitstourismus.* utb.

Gschoßmann, S., & Raab, A. (2017). Content-Marketing als Strategie der Zukunft im Krankenhaus. In: M. A. Pfannstiel, P. Da-Cruz, H. Mehlich (Hrsg.), *Digitale Transformation von Dienstleistungen im Gesundheitswesen II. Impulse für das Management* (S. 107–127). Springer Gabler.

Hanefeld, S. (2015). *Übertragungsmechanismen von Reputation zwischen mehreren Bezugsgruppen. Empirische Untersuchung im Krankenhaus bei Einweisern und Patienten.* Springer Gabler.

Hansen, U., & Bode, M. (1999). *Marketing und Konsum. Theorie und Praxis von der Industrialisierung bis ins 21. Jahrhundert.* Vahlen.

Harland, P. E., & Scheidweiler, I. (2010). Mit Kooperationen zum Vertriebserfolg – wie sich führende Unternehmen der Customer-Care-Branche mit Service-Innovationen im Wettbewerb behaupten. In: T. Baaken, U. Höft, & T. Kesting (Hrsg.), *Marketing für Innovationen. Wie innovative Unternehmen die Bedürfnisse ihrer Kunden erfüllen* (S. 151–174). Harland Media.

Heible, C. (2015). *Langfristige Perspektiven der Gesundheitswirtschaft. Eine CGE-Analyse demografischer und technologischer Wachstumseffekte, zugleich Dissertation an der Universität Trier 2014.* Springer Gabler.

Hillestad, S. G., & Bercowitz, E. N. (1991). *Health care market strategy: From planning to action.* Jones and Bartlett Learning.

Horch, H. D., Schubert, M., & Walzel, S. (2014). *Besonderheiten der Sportbetriebslehre.* Springer Verlag.

Hoffmann, S., Schwarz, U., & Mai, R. (Hrsg.). (2012). *Angewandtes Gesundheitsmarketing.* Springer Gabler.

Hohmann, J. (2005). *Arzt und Sanitätshaus. Leitfaden für den gemeinsamen Erfolg mit Musterverträgen.* C.F. Müller.

Hohn, B. (2001). *Internet-Marketing und -Fundraising für Nonprofit-Organisationen, zugleich Dissertation an der Universität Oldenburg 2001.* Deutscher Universitätsverlag (DUV).

Kaduszkiewicz, H., Teichert, U., & van den Bussche, H. (2018). Ärztemangel in der hausärztlichen Versorgung auf dem Lande und im Öffentlichen Gesundheitsdienst. *Bundesgesundheitsblatt – Gesundheitsforschung – Gesundheitsschutz, 61*(2–2018), 187–194.

Kamps, I., & Schetter, D. (2018). *Performance Marketing. Der Wegweiser zu einem mess- und steuerbaren Marketing – Einführung in Instrumente, Methoden und Technik.* Springer Gabler.

Kesting, T. (2012). Kommunikationsaspekte hybrider Wertschöpfung auf B to-B-Märkten am Beispiel des Performance Contracting. In: T. Baaken, T. Kesting, T. Kliewe, R. Pörner (Hrsg.), *Business-to-Business-Kommunikation. Neue Entwicklungen im B-to-B-Marketing* (2., völlig neu bearbeitete und wesentlich erweiterte Aufl., S. 363–380). Erich Schmidt Verlag.

Kesting, T. (2021). Disruptiver Wandel in der Gesundheitswirtschaft – eine Gegenüberstellung der Chancen und Herausforderungen des Einsatzes von Online-Marketing. In: C. Junker, T. Baaken, F. Riemenschneider, A. L. Schmidt, N. Petzold (Hrsg.), *Disruptive Innovation und Ambidextrie. Grundlagen, Handlungsempfehlungen, Case Studies* (S. 123–145). Springer Gabler.

Kesting, T., Kliewe, T., Korff, N., & Serbin, D. (2014). Organisational Marketing – Making Use of Linkages and Transfer Potential between Marketing Disciplines. In: T. Kliewe, & T. Kesting (Hrsg.), *Moderne Konzepte des organisationalen Marketing – Modern Concepts of Organisational Marketing, Festschrift anlässlich des 60. Geburtstag von Herrn Prof. Dr. habil. Thomas Baaken, mit 23 dt. und engl. Beiträgen renommierter nationaler und internationaler Wissenschaftler aus dem Hochschulsektor* (S. 3–21). Springer Gabler.

Kesting, T., & Rennhak, C. (2008). *Marktsegmentierung in der deutschen Unternehmenspraxis.* Gabler.

Kotler, P. (1972). A generic concept of marketing. *Journal of Marketing, 36*(2), 46–54.

Kotler, P., Armstrong, G., Wong, V., & Saunders, J. (2011). *Grundlagen des Marketing, 5* (aktualisierte). Pearson Studium.

Kotler, P., & Lee, N. (2007). *Marketing in the Public Sector.* Prentice Hall.

Kotler, P.; Levy, S. J. (1969). Broadening the concept of marketing. *Journal of Marketing, 33*(1), 10–15.

Kray, R. (2011). Geleitwort. Der alt- und der neu-europäische Patient. Zur Beharrlichkeit von Platonikern im Gesundheitsgeschäft unserer Zeit. In: A. Fischer, R. Sibbel (Hrsg.), *Der

Patient als Kunde und Konsument. Wie viel Patientensouveränität ist möglich? (S. 5–8). Gabler.

Kreutzer, R. T. (2017). Praxisorientiertes marketing. Grundlagen – Instrumente – Fallbeispiele überarbeitete und erweiterte Auflage. Springer Gabler.

Kunhardt, H. (2016). Individuelles Gesundheitsmanagement als Wertbeitrag für die Gesundheitswirtschaft – Gesundheit als Wert. In M. A. Pfannstiel, C. Rasche, & H. Mehlich (Hrsg.), *Dienstleistungsmanagement im Krankenhaus* (S. 71–92). Springer Gabler.

Kuß, A. (2013). *Marketing-Theorie. Eine Einführung* (3., überarbeitete und erweiterte Aufl.). Springer Gabler.

Kuß, A., & Kleinaltenkamp, M. (2016). *Marketing-Einführung* (Grundlagen – Überblick – Beispiele. 7., überarbeitete Aufl.). Springer Gabler.

Mai, R., Schwarz, U., & Hoffmann, S. (2012). Gesundheitsmarketing: Schnittstelle von Marketing, Gesundheitsökonomie und Gesundheitspsychologie. In S. Hoffmann, U. Schwarz, & R. Mai (Hrsg.), *Angewandtes Gesundheitsmarketing* (S. 3–14). Springer Gabler.

Matusiewicz, D. (2019). Marketing im Gesundheitswesen – eine Einführung. In D. Matusiewicz, F. Stratmann, & J. Wimmer (Hrsg.), *Marketing im Marketing im Gesundheitswesen: Einführung – Bestandsaufnahme – Zukunftsperspektiven* (S. 3–24). Springer Gabler.

Matusiewicz, D., Stratmann, F., & Wimmer, J. (Hrsg.). (2019). *Marketing im Marketing im Gesundheitswesen: Einführung – Bestandsaufnahme – Zukunftsperspektiven.* Springer Gabler.

Meffert, H., Bruhn, M., & Hadwich, K. (2018). Dienstleistungsmarketing. Grundlagen – Konzepte – Methoden (9., vollständig überarbeitete und erweiterte Aufl.). Springer Gabler.

Meffert, H., Burmann, C., Kirchgeorg, M., & Eisenbeiß, M. (2019). *Marketing. Grundlagen marktorientierter Unternehmensführung. Konzepte – Instrumente – Praxisbeispiele* (13. überarb. und erw. Aufl.). Springer Gabler.

Meffert, H., & in Wolde-Lübke, F. (2017). Medizinmarketing – marktorientierte Führung im Gesundheitsbereich. In C. Thielscher (Hrsg.), *Medizinökonomie 2: Unternehmerische Praxis und Methodik* (2. Aufl., S. 211–254). Springer Gabler.

Meffert, H., & Rohn, F. (2011). Healthcare Marketing – Eine kritische Reflexion. *Marketing Review St. Gallen, 28*(6), 8–15.

Meffert, H., & Rohn, F. (2012). Medizinmarketing – marktorientierte Führung im Gesundheitsbereich. In C. Thielscher (Hrsg.), *Medizinökonomie, Band 2: Unternehmerische Praxis und Methodik* (S. 29–73). Springer Gabler.

Müller-Hagedorn, L. (2005). *Handelsmarketing, 4* (überarbeitete). Kohlhammer.

Nissen, D., & Weisenfeld, U. (2001). Informationen und Entscheidung: Nachfrageverhalten im Gesundheitsmarkt, Arbeitsbericht Nr. 241 der Universität Lüneburg, Fachbereich Wirtschafts- und Sozialwissenschaften, ISSN 0176–7275. https://pub-data.leuphana.de/frontdoor/deliver/index/docId/147/file/nissen.pdf. Zugegriffen: 30. Apr. 2020.

Nufer, G., & Bühler, A. (2013). Marketing und Sport: Einführung und Perspektive. In: G. Nufer, & A. Bühler (Hrsg.), *Marketing im Sport. Grundlagen und Trends des modernen Sportmarketing* (3., völlig neu bearbeitete Aufl., S. 3–25). Erich Schmidt Verlag.

Oehme, W. (2000). Marktsegmentierung durch Absatzaktivitäten. In: W. Pepels (Hrsg.), *Marktsegmentierung. Marktnischen finden und besetzen* (S. 201–226). Sauer.

Pawelzik, M. R. (2011). Psychisch Kranke als Kunden? Grenzen eines Konzepts. In: A. Fischer, & R. Sibbel (Hrsg.), *Der Patient als Kunde und Konsument. Wie viel Patientensouveränität ist möglich?* (S. 49–84). Gabler.

Pfannstiel, M. A., Da-Cruz, P., & Mehlich H. (2017). Vorwort. In: M. A. Pfannstiel, P. Da-Cruz, H. Mehlich (Hrsg.), *Digitale Transformation von Dienstleistungen im Gesundheitswesen II. Impulse für das Management* (S. V-VII). Springer Gabler.

Preißler, J. (2012). Marketing von Gesundheitsregionen. In S. Hoffmann, U. Schwarz, & R. Mai (Hrsg.), *Angewandtes Gesundheitsmarketing* (S. 364–373). Gabler.

Raab, A., & Drissner, A. (2011). *Einweiserbeziehungsmanagement: Wie Krankenhäuser erfolgreich Win-Win-Beziehungen zu niedergelassenen Ärzten aufbauen.* Kohlhammer.

Raab, A., & Legl, K. (2015). Einweiserbeziehungsmanagement. In: M. A. Pfannstiel, C. Rasche, H. Mehlich (Hrsg.), *Dienstleistungsmanagement im Krankenhaus. Nachhaltige Wertgenerierung jenseits der operativen Exzellenz* (S. 107–135). Springer Gabler.

Raffée, H., Wiedmann, K.-P., & Abel, B. (1983). Sozio-Marketing. In: M. Irle, & W. Bussmann (Hrsg.), *Handbuch der Psychologie in 12 Bänden, 12. Band. Marktpsychologie, 1. Halbband: Marktpsychologie als Sozialwissenschaft* (S. 675–768). Peter Lang GmbH. Internationaler Verlag der Wissenschaften.

Rohn, F. (2012). *Lebensqualität von Patienten als Orientierung für ein zielgruppenspezifisches Health Care Marketing, zugleich Dissertation an der Westfälischen Wilhelms-Universität Münster 2011.* Peter Lang GmbH. Internationaler Verlag der Wissenschaften.

Saltman, G., & Vertinsky, I. (1971). Health Services Marketing: A Proposed Model. *Journal of Marketing, 35,* 19–27.

Schaff, A. (2019). Strategisches Marketing für Gesundheitsdienstleister. In D. Matusiewicz, F. Stratmann, & J. Wimmer (Hrsg.), *Marketing im Marketing im Gesundheitswesen: Einführung – Bestandsaufnahme – Zukunftsperspektiven* (S. 25–39). Springer Gabler.

Scharf, A., Schubert, B., & Hehn, P. (2015). *Marketing. Einführung in Theorie und Praxis* (6., erweiterte und aktualisierte Aufl.). Schäffer-Poeschel.

Schmidt, A. (2017). Cross Market Innovation: Erschließung neuer Dienstleistungsmärkte am Beispiel von mHealth. In: M. A. Pfannstiel, P. Da-Cruz, H. Mehlich (Hrsg.), *Digitale Transformation von Dienstleistungen im Gesundheitswesen II. Impulse für das Management* (S. 271–299). Springer Gabler.

Scherenberg, V. (2013). Nachhaltigkeit in der Sozial- und Gesundheitswirtschaft als Wettbewerbsfaktor und Basis für langfristigen Marketingerfolg. *Kölner Journal – Wissenschaftliches Forum für Sozialwirtschaft und Sozialmanagement, Ausgabe 1,* 125–146.

Scherenberg, V. (2017). *Präventionsmarketing. Ziel- und Risikogruppen gewinnen und motivieren.* utb.

Schneider, U., & Pennerstorfer, A. (2014). Der Markt für soziale Dienstleistungen. In: U. Arnold, K. Grunwald, B. Maelicke (Hrsg.), *Lehrbuch der Sozialwirtschaft* (4., erweiterte Aufl., S. 157–183). Nomos.

Schramm, A. (2013). *Online-Marketing für die erfolgreiche Apotheke: Website.* Springer.

Schröder, H. (2012). *Handelsmarketing. Strategien und Instrumente für den stationären Einzelhandel und für Online-Shops.* Springer Gabler.

Silbermann, A. (2015). Gesundheitsbewusstes Konsumentenverhalten. Empirische Analyse der Einflussfaktoren auf der Grundlage einer Systematisierung des Bewusstseins, zugleich Dissertation an der Universität Potsdam 2015. Springer Gabler.

Steiner, O., & Fischer, M. (2012). Fundraising im Gesundheitswesen. Leitfaden für die professionelle Mittelbeschaffung. Schattauer.

Thill, K.-D. (2011). *Zuweisermarketing für niedergelassene Spezialisten*. Springer Gabler.

Thomas, R. K. (2005). *Marketing health services*. Health Administration Press.

Voeth, M., & Herbst, U. (2013). *Marketing-Management. Grundlagen, Konzeption und Umsetzung*. Schäffer-Poeschel.

Weißbäcker, S., & Müller, M. C. (2005). Vertriebsstrukturen in Europa. In: M. C. Müller (Hrsg.), *Europäisches Pharmamarketing. Ein Leitfaden für Manager der pharmazeutischen Industrie und Beteiligte des europäischen Gesundheitswesens* (S. 191–207). Gabler.

Welz, R. (2011). *Gesundheitsmarketing. Einführung in Denkweise und Instrumentarium des Marketing*. S. Roderer Verlag.

Wendt, W. R. (2013). Sozialwirtschaft. In: A. Wöhrle, R. Beck, K. Grunwald, K. Schellberg, G. Schwarz, W. R. Wendt (Hrsg.), *Grundlagen des Managements in der Sozialwirtschaft* (S. 11–34). Nomos Verlagsgesellschaft.

Wendt, W. R., & Wöhrle, A. (2006). *Sozialwirtschaft und Sozialmanagement in der Entwicklung ihrer Theorie*. Walhalla Fachverlag.

Wesselmann, S., & Hohn, B. (2017). *Public Marketing. Marketing-Management für den öffentlichen Sektor* (4., vollständig überarbeitete Aufl.). Springer Gabler.

WHO – World Health Organization. (1946). Constitution of the World Health Organization: Principles. http://who.int/about/mission/en/. Zugegriffen: 25. Apr. 2020.

WHO – World Health Organization. (2014). Basic Documents, Forty-eight edition, 2014 (Online-Dokument). apps.who.int/gb/bd/PDF/bd48/basic-documents-48th-edition-en. pdf#page=1. Zugegriffen: 25. Apr. 2020.

Wöhe, G., Döring, U., & Brösel, G. (2016). *Einführung in die Allgemeine Betriebswirtschaftslehre, 26, überarbeitete und* (aktualisierte). Vahlen.

Zimmer, A., & Hallmann, T. (2016). „Die interne Kommunikation ist die größte Herausforderung" – Fundraising im Gesundheitswesen. Interview mit Martina Klein (Klinikum Dortmund). In: A. Zimmer & T. Hallmann (Hrsg.), *Nonprofit-Organisationen vor neuen Herausforderungen* (S. 399–405). Springer VS.

Zukunftsinstitut GmbH. (2015). Die Philips Gesundheitsstudie 2015. Wie Vertrauen zum Treiber einer neuen Gesundheitskultur wird. https://www.zukunftsinstitut.de/filead min/user_upload/Publikationen/Auftragsstudien/Zukunftsinstitut_Philips_Gesundheitss tudie_2015.pdf. Zugegriffen: 30. Nov. 2021.

Printed in the United States
by Baker & Taylor Publisher Services